Alexandra Baltag

Adio, depresie!

Confesiuni despre vindecare

Editura GOLD

Coordonator: Matei Horia
Editor: Matei Horia
Corectură gramaticală: Carmen Ştefănescu
Copertă: Esmeralda Rodríguez
DTP: Grosu Andreea

Descrierea CIP a Bibliotecii Naţionale a României
BALTAG, ALEXANDRA

Adio, depresie! : confesiuni despre vindecare /
Alexandra Baltag. - Bucureşti : Gold, 2025
ISBN 978-606-92856-4-0
159.9

www.edituragold.ro

Această carte este despre tine.
Prin povestea mea
te vei regăsi, iar cuvintele mele
vor fi și ale tale.

Prefață

Există cărți care te copleșesc prin teorie și există cărți care te ating prin autenticitate.

Aceasta face parte din a doua categorie – o carte care nu te presează, nu te grăbește, ci îți respectă ritmul interior și îți vorbește cu blândețe, așa cum o face un prieten bun atunci când nu mai poți să-ți găsești cuvintele.

Scrisă cu sinceritate și curaj, cartea Alexandrei este o invitație la (re)întâlnirea cu tine însuți. Prima parte, confesivă, are forța unei auto dezvăluiri autentice, iar cea de-a doua oferă instrumente, exerciții și îndrumări practice, construite cu grijă și discernământ. Împreună, ele alcătuiesc un ghid al prețuirii de sine în cele mai fragile momente ale vieții.

Depresia, dincolo de termenul medical și psihologic, este o formă profundă de deconectare de sine, de sens și de Dumnezeu.

Într-o lume grăbită și tot mai deconectată de planul sufletesc, această carte vine ca un dialog prietenos, dăruit celui care a obosit sau care nu are posibilitatea și resursele de a înțelege ce i se întâmplă. Este, într-un fel, un prieten de buzunar – o prezență care te ține de mână și te însoțește fără judecată.

Ca psihoterapeut, cu o abordare a ființei umane în toată complexitatea ei – minte, trup și suflet – apreciez sinceritatea și umanitatea cu care autoarea a reușit să transforme propriile trăiri, cunoașterea și cercetarea ei într-un îndrumar realist, plin de iubire și totodată delicat, ca o atingere de mătase.

Această carte nu oferă rețete, ci oferă speranță, în cel mai simplu mod posibil.

Iar de cele mai multe ori, speranța este primul pas spre vindecare, recuperare și creștere – cu tot ceea ce se află deja în interiorul tău, dar nu conștientizezi încă.

Pentru că, acolo în interiorul tău, există puterea de a reconfigura drumul vieții tale cu sens, iubire și credință.

*— **Mirela Munteanu**, psiholog clinician,*
psihoterapeut de cuplu și familie, om pentru oameni

Partea 1

Autoportretul depresiei mele

Capitolul 1

Cum folosești cartea (fără să te pierzi)?

Am scris această carte într-un moment de adevăr, când am simțit că pot fi mai mult decât un scriitor. Pot fi un prieten care îți este aproape atunci când treci prin stări îndoielnice.

Citește-o în porții mici: 10-15 minute pe zi sau 5-7 pagini sunt suficiente. Ori cât te face pe tine să te simți confortabil(ă). Citește un subcapitol, alege un exercițiu, lasă-l să lucreze o zi întreagă în fundal. Revino la semnele din corp înainte să sari la concluzii și notează ce observi, nu ce „ar trebui" să simți.

Nu trebuie să faci toate exercițiile și nici să urmezi un „program perfect". Alege ce ți se potrivește acum. Uneori vei avea putere pentru trei rânduri, alteori pentru trei pagini; ambele sunt suficiente. Progresul nu arată ca o linie oblică frumoasă, ci ca o hartă cu poteci reluate. Când ai o zi proastă, nu reîncepi de la zero: reiei din locul unde ai rămas.

Recomandare de ritm: un capitol pe săptămână, cu 1–2 exerciții practicate de 3–4 ori. Duminica, o revizuire scurtă: ce a funcționat, ce te-a obosit, ce ai lăsat pentru mai târziu.

Notă de siguranță (când ceri ajutor acum)

Cartea e o punte între tine și tine. Nu înlocuiește consultul medical, psihoterapia sau tratamentul recomandat de un specialist. Dacă trăiești gânduri de autovătămare, simți că nu ești în siguranță sau nu poți asigura îngrijirea de bază (somn, alimentație, hidratare, igienă), **cere ajutor imediat:** sună la 112 sau mergi la cel mai apropiat serviciu de urgență. Spune cu voce tare cuiva de încredere ce ți se întâmplă; nu purta această povară singur(ă). În restul timpului, creează-ți un „cerc de sprijin" — două-trei persoane, un om-siguranță pe care le poți contacta, cu o propoziție de start clară: „Am nevoie să fii cu mine. Nu am nevoie de soluții, doar de prezența ta."

Om – Siguranță – persoana care îți știe povestea și care este pregătită în orice moment să îți fie alături. Dacă nu ai, și nu e nimic rău în asta, atunci sunt aici lângă tine.

Dacă ești în terapie sau sub medicație, ia din carte doar ceea ce e compatibil cu planul tău și discută cu specialistul tău orice nelămurire.

Cum să citești confesiunea fără să te declanșezi

Sunt pasaje în care o să te recunoști și pasaje care o să te contrarieze. Dacă simți că ți se strânge pieptul sau stomacul, oprește-te. Închide cartea, pune mâna pe piept, inspiră adânc, coboară cu picioarele pe podea și caută trei lucruri pe care le vezi, două pe care le auzi, unul pe care îl atingi. Apoi, dacă poți, revino. Dacă nu, lasă capitolul pentru altă zi. Nu eșuezi când te protejezi; îți respecți corpul.

Poți să marchezi paginile „cu risc" și să le parcurgi doar în prezența cuiva de încredere sau după ce ai mâncat și ai dormit. Poți citi cu un creion în mână, subliniind doar ce-ți face bine și lăsând restul să treacă pe lângă tine. Înveți să te alegi pe tine în timp ce citești despre tine: e deja o victorie.

Promisiunea mea către tine (și către mine)

Nu romantizez depresia și nu o transform în erou negativ. Nu-ți vând certitudini, ci practici. Nu-ți cer să crezi ce cred eu, ci să verifici în viața ta. Nu fac rating din vulnerabilitatea mea, ci o ofer în măsura în care poate deveni pod, nu spectacol. Când nu știu, spun „nu știu". Când greșesc, revin și corectez. Când mi-e greu, respir înainte să predic. Asta e promisiunea.

Promisiunea ta poate arăta așa:

Când nu dorm, nu iau decizii mari.
Când am gânduri negre seara, aleg un protocol blând, nu un verdict dur.
Când simt rușine, respir, apoi fac un gest mic, bun pentru mine.
Când nu am energie, nu mă pedepsesc, ci aleg două lucruri mici: aerisesc camera și fac ordine în lucruri.

Scrie-ți promisiunea pe o foaie separată
și ține-o la vedere.

Timeline-ul meu

Nu am știut multă vreme să spun „nu" fără să-mi tremure vocea. Am dăruit până la epuizare crezând că iubirea fără limită repară totul și m-am trezit într-o cameră fără ferestre în care respirația era scurtă și gândurile grele. Au fost câteva momente pivot, în care am confundat tristețea cu vina, oboseala cu defectul moral, liniștea cu plictisul.

Le scriu aici, nu ca inventar al durerii, ci ca hartă:

— Prima dată când am realizat că „nu mai pot" nu a

fost într-o tragedie, ci într-o dimineață banală în care cafeaua nu mai avea gust. Am crezut că e lene; era epuizare.

Lecția: uneori corpul spune adevărul cu o tăcere care nu doare, dar insistă.

— Perioada în care am confundat grijile altora cu datoria mea de a salva. Am crezut că valoarea mea e egală cu greutatea pe care o pot duce.

Lecția: nu e generozitate când îți rupi spatele cu sacii altora și îți lași casa pustie.

— Întoarcerea la scris după un timp de boală. M-am prefăcut că pot la fel de mult ca înainte și m-am prăbușit în perfecționism.

Lecția: nu poți să sari peste reabilitare emoțională cum nu sari nici peste încălzire înainte de alergare.

— Ziua în care am spus „nu știu" cu voce tare și am cerut ajutor. Nu s-a întâmplat nimic catastrofal; s-a deschis o fereastră.

Lecția: rușinea se topește când e văzută.

Fiecare dintre aceste momente a avut pedale de frână spre propriul drum (n-am dormit, am mâncat pe fugă, m-am încărcat cu problemele altora) și pedale de accelerație spre mine (mers 15 minute, două pahare de apă, o conversație scurtă, o listă cu trei lucruri mici pe care azi le pot face). Harta asta mă ajută să nu dramatizez și, mai ales, să nu mă pedepsesc.

Harta declanșatorilor și semnele că mă întorc la mine

Declanșatori: conversații neterminate, promisiuni vagi, gol de singurătate la ora târzie, scroll prelungit, mese sărite, perfecționismul.

Semne de întoarcere: am un ciclu de somn aproape complet, îmi face poftă un mic dejun simplu, vreau să aerisesc casa, pot să-mi pun o limită fără să-mi tremure vocea, râd scurt fără motiv, îmi amintesc să-mi spun pe nume. Între cele două liste, am un pod: protocolul pentru „primele 15 minute când alunec".

Protocol 15 minute:
Beau apă;
Îmi pun picioarele goale pe podea;
Număr cinci lucruri pe care le văd;
Trimit un mesaj de două rânduri unui om-siguranță;
Fac un gest mic fizic (spăl o cană, întind rufele);
Îmi spun cu voce tare: „Sunt aici. E greu, dar sunt aici."

Dacă nu funcționează, reiau.

Trusa mea de urgență (personală, nu universală)

Nu voi lista rețete universale. Îți spun ce funcționează pentru mine, poate te inspir.

Mersul de 12–15 minute fără telefon, de preferat după-masa;
Playlist-ul rezervat doar pentru când vine ceața, ca un semnal către creier că trecem podul împreună;
Dușul cald seara, când mintea îmi aleargă pe coridor;
Jurnalul de cinci rânduri: „Ce simt? Unde simt? Ce am nevoie? Ce e la îndemână? Ce fac acum?"
Supă clară, mâncare sănătoasă;
Lumânare cu miros de lămâiță, ca să-mi adun atenția;
Regula celor două lucruri mici: aerisesc camera, fac ordine;
Telefonul către omul-siguranță cu fraza de start deja pregătită;
Pauză de ecran de treizeci de minute înainte de somn.

Exercițiu: Scrisoare de la „eu-bine” către „eu-azi”

Așază-te, dacă poți, lângă o fereastră. Scrie o scrisoare scurtă către tine, dintr-o versiune a ta care se simte bine. Nu promite imposibilul; roagă-te de posibil. Poți folosi începutul de mai jos și să-l continui:

„Te văd. Nu ești defect(ă), ești obosit(ă). Astăzi nu-ți cer să fii curajos(ă), îți cer să fii blând(ă). Alege două lucruri mici pe care le poți face: unul pentru corp, unul pentru suflet. Dacă uiți, revin eu și-ți aduc aminte. Nu te grăbi; nu e o cursă, e o revenire. Sunt aici.”

După ce scrii, citește cu voce joasă. Păstrează scrisoarea la îndemână pentru zilele tulburi.

Contractul meu cu mine (în 7 puncte)

Când nu dorm suficient, nu iau decizii mari.
Când gândurile negre se adună seara, aleg protocolul de 15 minute, nu verdictul final.
Când simt rușine, respir și fac un gest mic, bun pentru mine.
Când nu am energie, aleg două lucruri mici, nu zece lucruri perfecte.
Când mă compar, opresc scroll-ul și revin la corp.

Când am nevoie, cer ajutor înainte să mă consum prea mult.
Când îmi e bine, nu uit să notez ce a ajutat, ca să am de ce mă ține în zilele grele.

Acesta este începutul: o întoarcere la tine fără scenarii eroice, cu pași mici și siguri. Restul cărții va construi peste acest fundament: înțelegere, distincții, practici. Dar fără această cameră cu ușa întredeschisă, orice metodă e doar încă o exigență.

Ține ușa întredeschisă și ne vedem mâine!

Cine sunt eu?

Știu... te-ai întrebat de câteva ori, înainte să deschizi această carte, cine sunt eu cu adevărat. Dacă port măști, rochii vaporoase, dacă sunt urâtă sau frumoasă, dacă mănânc ouă la micul dejun sau ce culoare preferată am. E posibil să te intereseze mai mult conținutul, iar autorul să fie doar o paradigmă. Ei bine... cine sunt eu? Nu-ți face griji, poate nu avem aceleași povești, aceleași voci, sau, cu siguranță, nu aceleași rochii — dar, sigur, am trecut prin ceea ce tu numești depresie, iar eu... altfel.

Eu sunt Alexandra - după numele pe care părinții mei mi l-au dat acum mulți ani. Sunt un fior de primăvară adus lor, o catastrofă sentimentală care, da, a avut și perioade în care nu se mai recunoștea pe sine.

De multe ori am simțit barometrul vieții cum îmi bătea în fereastra inimii, strigând la mine:

„Fato, ia-o mai ușor, ai să te învinețești toată!". Și... așa a fost. M-am învinețit. Fiecare lovitură m-a durut al naibii de tare. Am levitat, simțind-o. Mi-a dat pumni în spate, în burtă, în inimă, dar nu m-am supărat pe ea, pentru că, da... eu am vrut să o simt. De câte ori îmi era greu, spuneam: „Se poate și mai greu de-atât.". Și s-a întâmplat, până la zvârcolire și confuzie, până la ceea ce tu numești depresie – dar eu am numit-o altfel. Cum? Vei afla dacă iei la rost toată această carte. Poate o să te enerveze, poate nu.

Părinții mei mi-au dat un nume frumos, iar tatăl meu mi-a spus așa: „Porți un nume care, cândva, va ajunge mare, pe buzele multor oameni.”.

Așa e și depresia. E și ea un nume, poate tot de femeie, dar nu la fel de frumos, pentru că instigă la înverșunare, iar eu nu sunt așa.

În perioadele cele mai negre din viața mea — mai cu prisosință cele în care am suferit pentru că am pierdut pe cineva sau pentru că eu am dat pierdut pe cineva — am negat existența răului care era în mine și l-am transformat, forțat, în bine, în iubire, în sine. Nu știu dacă a fost corectă această forțare, dar cert este că am pornit pe un drum al confesiunilor despre mine pentru a dezvălui, sau, poate, descoperi, dacă negarea mi-a fost cea mai de folos pârghie spre realitate, adevărata realitate.

Era sănătos ce făceam? Nu știu, cert este că mi-am repetat de atâtea ori că sunt bine, încât subconștientul meu n-a mai avut ce face și a crezut asta.

Am invitat-o de atâtea ori să bem ceva — poate chiar și o apă — încât, la un moment dat, după câte povești i-am spus despre neexistență, s-a plictisit. Și nu a mai vrut să mă onoreze cu prezența ei.

Nu sunt psiholog. Nici doctor. Nici guru. Sunt o simplă creatoare a societății, o privesc și mă inspir din ea, îi dau sens din non-sens și îi demonstrez că existența poate fi hrănită din orice, cu echilibru, chiar și din durere.

Cartea aceasta este pentru tine, pentru noi, pentru toți cei care n-au găsit și încă mai caută leacul unei dureri fără timp.

Nu sunt aici, printre rânduri, să dau sfaturi, nici să te învăț să îi faci față sau să te înveselesc, nu. Sunt aici, alături de tine, în calitate de camarad, de om care a testat laturile acestei afecțiuni, dacă o putem numi așa, din multe perspective, pentru că da, depresia are multe colțuri, și poate fi privită din multe unghiuri. Unghiuri, care, de prea multe ori înțeapă, împung, ucid.

Uneori e posibil să ai impresia că ai înțeles-o, dar ea doar își schimbă forma. Se ascunde în spatele unui zâmbet, în mirosul unei dimineți obișnuite, în răspunsul aprig al unui prieten. Se strecoară în zilele în care nu ai motive clare să plângi și totuși o faci. Sau în cele în care nu simți nimic — și tocmai asta doare cel mai tare.

Am scris această carte cu două inimi întinse pe masă. Prima inimă este confesiunea mea, cu emoții, povești și fragmente de viață în care poate vei recunoaște

și bucăți din tine. A doua inimă este ghidul tău, poate chiar inima ta, unde emoția se transformă în exerciții, explicații și pași clari care să te ajute să mergi mai departe.

Vei găsi în paginile acestea întrebările fără răspunsuri, la care nu am un răspuns clar, dar am o abordare. Eu nu dețin un antidot, ci recunoaștere, înțelegere și empatie. Știu, uneori ți se va părea că este prea mult. Pune cartea jos, respiră, ia-ți timp și întoarce-te aici când simți. Eu știu că nu ai fugit, ci pur și simplu parcurgi un drum în care nu ești singur.

Eu sunt aici, tu ești aici, iar dacă nu știm încotro mergem, măcar știm că nu suntem pierduți definitiv.

Prietena mea, depresia

Știi... multe studii susțin că poate fi o afecțiune, o blocare a minții, o lipsă acută de serotonină care nu mai permite corpului, creierului, să funcționeze în normalitate. Eu n-am cunoscut-o așa, pentru că nu i-am permis asta. Cine ești tu, dragă, depresie să mă domini? i-am spus mereu. Deși, în majoritatea timpului, a fost capabilă să-mi smulgă lacrimi, să mă pună în fața incertitudinilor, să îmi urăsc viața și să-mi doresc să nu mai fiu. Eu nu am crescut cu ea de mână, ci s-a instalat pe nesimțite împrejurul meu. Și-a adus toate catrafusele: migrene, rochii, pahare cu vin, nemulțumire, ură, incertitudine și a zis: „Am venit să te domin, să-ți fur inocența.".

Prima dată ne-am cunoscut acum mai bine de 15 ani. Mă îndrăgostisem groaznic de cel pe care voiam să-l numesc consortul vieții mele, dar nu fusese chiar așa. Aveam acei 20 de ani naivi, plini de voioșie și splendoare. Îmi adoram viața și clinchetul ei. Trăiam pentru a descoperi și pentru a mă crea. Deodată, într-un timp care nu avea sens, el a plecat și m-a lăsat în compania ei. „La revedere, fetiță, ești prea îndrăgostită de mine!". Și am rămas înecată în lacrimi grele, gol în stomac, lipsa poftei de mâncare, tot acel șir de nemulțumiri pe care, cu siguranță, îl știi deja.

Atunci m-am simțit pentru prima dată neajutorată, deși părinții mei au fost acolo, în moduri pe care timpul respectiv le oferea. Mama m-a păcălit, mi-a zis să iau în fiecare zi o „vitamină", care, de fapt, era un antidepresiv ușor. Voia să mă liniștească, cumva, și doar așa a știut cum.

Of, aveam 20 de ani. O vârstă normală să suferi din dragoste și să începi să te împrietenești cu ea, să o cunoști, să înțelegi ce este. Nu știam foarte multe, dar bâiguiam că nu trebuie să mă las învinsă de nimic. Cred că depresia mea, prietena mea, așa a început să se instaleze — din puritate, dintr-o dragoste nebună pe care nu am știut să o controlez. A început atunci și a continuat încă 13 ani din momentul în care el s-a întors...

Așa au trecut treisprezece ani. Treisprezece ani în care am continuat să trăiesc cu prietena mea, depresia, de mână. Nu m-am mai zbătut s-o dau afară, nici n-am mai întrebat de ce stă. Mă obișnuisem cu ea, îi cunoșteam mirosul, absența în care mă sustrăgea, felul în care se cuibărea în colțul meu de liniște, chiar și atunci când râdeam. Aparent, eram fericită. Zâmbeam, muncind, visând, bifând. Le spuneam tuturor că sunt bine — și eram, dar cu ea de mână. Am continuat să trăiesc într-un dezmăț firesc, alături de un om care nu avea nimic împotrivă să mă vadă așa. Nu m-a întrebat niciodată ce e dincolo de acel „sunt bine". Nu m-a oprit și nici nu m-a văzut, poate.

Toți cei din jurul meu mă întrebau, din când în când, dacă sunt bine. „Da, sunt!" spuneam. „Sunt bine." Și o spuneam cu convingere, pentru că așa învățasem: să-mi spun minciuni frumoase cu voce tare, până când păreau adevăr. Dar, pe dinăuntru, nu mă mai mulțumea nimic. Nici măcar acele momente de beatitudine în care menirea mea excela. Nici când scriam, nici când iubeam, nici când eram lăudată, aplaudată, cuprinsă.

Prietena mea, depresia, era acolo. Nu bătea cu pumnul în ușă, nu urla. Venea confortabil, se așeza pe mine ca o pătură pufoasă, caldă, dar grea. Atât de grea, încât uneori simțeam că nu pot respira — și îi permiteam asta pentru că mă obișnuisem cu ea așa, era confortabil, iar confortul este unul dintre cei mai „loiali" prieteni ai depresiei – alți prieteni. Este intimitatea aceea care strivește ușor, dar care dă impresia siguranței.

Asta face, uneori, depresia. Păcălește că ești în control, când, de fapt, a furat volanul de mult. Și totuși, o ţineam de mână cu o tandreţe ciudată şi îi permiteam o formă de loialitate absurdă ca şi cum, fără ea, n-aş mai fi ştiut cine sunt pentru că am preferat să o consider prietenă, una care, cu siguranţă, spunea un adevăr crud despre mine.

Promisiunea că această carte este o conversație sinceră

Toată viața mi-am trăit-o în sinceritate. Știu, uneori a fost mai puțin despre mine, dar ori de câte ori am avut prilejul, mi-am dezvăluit trăirile cu o vulnerabilitate acerbă. Uneori am fost conștientă de ceea ce sunt, alteori nu, dar mereu am căutat vindecarea de sine cu sine. Nu am reușit mereu și de foarte multe ori m-am izbit de ziduri care mi-au provocat răni foarte adânci. De extrem de multe ori am pus vieții întrebări și nu am primit niciun răspuns pentru că, așa este, așteptam, cumva, să pice din cer bulucul de răspunsuri, dar, ce să vezi, ele nu erau acolo unde le căutam frecvent: distracții, alcool prea mult, țigări, iubiri meschine, prieteni falși, ci într-un loc atât de apropiat, de care nu eram deloc conștientă.

Mult timp nici nu am știut că sunt în depresie și cred că nimeni din jurul meu nu știa, pentru că am știut să maschez atât de bine, încât toată lumea ar fi zis că sunt cel mai fericit om de pe pământ. Eram, pentru că, cumva, fetița cu ochii de pădure, copilul mereu iubit, ieșea la suprafață, mă certa și îmi mai permitea să evadez din bula mea „perfectă". Depresia are multe haine frumoase, foarte multe măști și extrem de multe farduri. Poate să transforme în ce vrea: și urât, dar și frumos. Și inocent, dar și foarte dur. Și loial, dar și extrem de libertin. Pot spune că m-am lăsat îmbrăcată de multe haine ale depresiei și chipul mi-a fost martorul unor schimbări majore. Obișnuiesc să-mi analizez chipul și corpul, schimbările care vin odată cu anii. O fac des pentru că tehnologia îmi permite, așa că mi-am construit un autoportret al vieții prin care spun lumii că depresia are curajul să transforme omul în altceva.

Autoportretul depresiei mele

Aveam 23 de ani când am decis, fără să știu, să dau vieții o altă formă — cea de soție. M-am măritat, fictiv, dar și real, cu depresia, iar ea, la schimb, mi-a pus pe deget un inel al ironiei.

Sunt o femeie frumoasă, am moștenit gene minunate de la femeile din neamul meu, dar și un trecut care mă bântuie. Sunt frumoasă mereu, corpul mi-e zvelt, chipul perfect, dar când mă privesc în oglindă nici nu mă văd. Nici nu știu că am ochii verzi, pentru că sunt mereu pierduți. Am tenul perfect întins și nici asta nu știu, pentru că sunt preocupată cu altele. Am corp mic, clepsidră, dar sunt de părere că alte fete sunt mai frumoase decât mine. Părul mi-e bogat, dar mi-aș dori să îl am altă culoare, așa că l-am vopsit arămiu. Tot timpul sunt rătăcită în emoții, trăiri, frustrări. Judec lumea din jurul meu, o blamez și îmi fac timp pentru asta. Nu simt admirație și îmi doresc să demonstrez în permanență că pot mai mult. Mă simt nevăzută, neiubită, neapreciată și pun foarte des întrebarea: „cu ce am greșit să merit asta?". Partenerul meu afirmă că mă iubește și eu spun același lucru, dar nu simt asta. Uneori simt că aș fi o furtună, alteori un stâlp de beton. Sunt atât de irascibilă și nemulțumită, încât nimeni nu poate comenta în fața mea. Obțin cam tot ce îmi doresc cu fraze dure, certuri, uși trântite, vorbe goale. Sunt arogantă, uneori foarte masculină, țip dacă nu pot rezolva ceva, sau, de cele mai multe ori mă retrag. Când vin problemele, sunt puternică, nu mă doboară nimic, fac față cu brio tuturor provocărilor și nu mă vait, nu sunt vulnerabilă. Întotdeauna pot mai mult, fără să fiu epuizată. Am de demonstrat, firesc, că sunt femeia perfectă care gătește, spală, face curat, are un job, zâmbește, face sex. Uneori trebuie să mă mut și o fac și pe asta. Adun totul din casă, pun în cutii și plec, de mână cu depresia mea, oriunde în lume.

În veșnicele mele călătorii mă trezesc, deodată, în jurul vârstei de 30 de ani, că simt ceva diferit. Nu pot spune exact ce. Nu e o revelație, nu e o voce, nu e o durere nouă. E doar o apăsare care vine de dincolo de mine. Ca o promisiune mută că viața poate să fie altfel. Încă sunt frumoasă, foarte frumoasă, dar lipsește ceva. Mulți îmi spun că privirea mi-e pierdută, și eu știu că au dreptate. Încep să fac demersuri, să merg la terapie, să cunosc oameni noi, să fac greșeli mari care să-mi decidă viitorul. Mă adâncesc în stări euforice care mă schimbă complet. Conștientizez că sunt lângă un om care nu mă mai completează, așa că ochii, părul, trupul, mintea cer schimbare —

și asta fac. Starea de neliniște devine tot mai acerbă, tot mai intensă. Dansez cu ea, lasciv, dar simt că sunt la limită, că trebuie să mă opresc.

De multe ori am zis că voi fugi, așa că am fugit. Peste patru ani am fugit spre mine. Nu știam cum arăt, dar știam că trebuie să mă găsesc.

În capitolele care urmează vom analiza, împreună, această stare. Cauzele ei reale, cele pe care le conștientizăm sau nu, depresia după pierderea cuiva drag și ce să facem împreună pentru a merge mai departe. Îți voi fi alături în acest demers, pentru a da la o parte acea pătură pufoasă, foarte confortabilă – sau nu – numită depresia.

Vom contura împreună chipul ei, dar cel care ți se potrivește ție. Pe al meu l-am găsit : era frumos, plăcut, dar fără emoție, pierdut într-o altă emisferă. Ședea convingător într-un colț atât de apropiat mie.

Scrisoare către tine: „Îți urez bun venit”

Îți urez, de pe acum, bun venit. Poți să te așezi confortabil pe fotoliul galben fără să-ți mai ceri voie de la vinovăție. Lumina caldă se sprijină pe pereți ca o palmă blândă pe fruntea plină de remușcări – primește-o, miroase a curat, a cafea uitată în ceașcă și a liniște care nu mai arde. Când te uiți în jur, poate descoperi că nu te întorci într-un loc, ci într-o emoție: aceea în care corpul tău nu mai este câmp de luptă, ci o cameră cu ușa întredeschisă. Ai rătăcit destul, ai alergat după adevăruri în liste de „trebuie” și în rețete miraculoase; adevărul tău, totuși, te așteaptă aici, în felul în care respiri când îți spui pe nume fără să te judeci.

Nu-ți promit minuni peste noapte, nici eu și nici cartea aceasta. Îți promit doar că nu te las singur(ă). Îți las lângă fotoliu o lampă, un pahar cu apă, câteva întrebări bune și răspunsuri pe care să le încerci pe pielea ta. Îți promit onestitate și faptul că nu voi confunda confesiunea cu spectacolul. Îți promit că aici vei găsi, atunci când ai nevoie, o pârghie mică — suficientă cât să ridice puțin greutatea de pe piept — și pe cineva care te ascultă fără să te grăbească.

Dacă plângi, nu-i nimic. Lacrimile nu sunt defecte; sunt apă care spală. Dacă taci, e în regulă; tăcerea e o pernă pe care se așază cuvintele până le vine rândul. Dacă te înfurii, pune furia să care cutii, nu să le dărâme. Iar dacă te simți obosit(ă) până în oase, e pentru că ai tras de tine prea mult ca să pari bine; de acum alege să fii adevărat(ă).

Dacă vei pleca și vei alege să te întorci aici, te rog doar atât: nu te grăbi. Alege doi pași mici — unul pentru corp, unul pentru suflet — și lasă-i să lucreze pentru tine. Eu rămân aici, cu ușa întredeschisă, cu mâna pe umărul tău, gata să te ascult.

Bun venit acasă!

Capitolul 2

Cine este depresia?

Depresia este adesea un semnal de alarmă.
Nu doar o problemă chimică, ci un răspuns la lipsă: de sens, de apartenență, de siguranță.

Johann Hari

Îți urez bun venit în capitolul în care nu te mai judeci pentru cum te simți, ci înveți să vezi ceea ce ți se întâmplă. Depresia nu vine să-ți fure identitatea, ci să-ți ceară ritm. O vom privi în față — cu chip, cu voce, cu trup — ca să nu mai pară monstru, ci o stare cu care poți negocia.

Înainte să-i dai etichete, încearcă să o vezi. Închide ochii pentru patru sau cinci respirații și imaginează-ți că depresia ta are un chip, o voce și un trup. Cum arată? E palidă sau doar obosită? Vorbește tare sau abia o auzi? Se mișcă greoi sau stă înțepenită pe marginea patului? Are părul lung sau scurt? E frumoasă, urâtă?

Acesta nu un joc de copii, nu, ci doar te încurajez să îi dai contur ca să poți discuta cu ea, nu să te lași purtat(ă) de ea. Când îi vezi chipul, îi poți spune pe nume; când îi auzi vocea, o poți contrazice cu blândețe; când îi observi trupul, poți decide cât spațiu îi lași astăzi. Uneori seamănă cu o ceață care intră prin ușă când ești întors(ă) cu spatele; alteori e o greutate așezată pe piept care cere atenție ca un copil flămând. Dacă o vezi, n-o să te mai sperie la fel de tare. O să știi că nu ești tu — e o parte care cere alt ritm. Acum, gândește-te ce nume frumos i-a oferit Hipocrate. Eu am simțit de multe ori cum mă caracterizează. E frumoasă melancolia, mai ales când te obișnuiești cu ea, când ți-o asumi ca parteneră, partener, obiceiuri, viață și când spui: „nu o pot vindeca". Dar, oare, în tot sensul acesta ai putea să găsești un non-sens? Să realizezi prezența ei?

Depresia, sau „melancholia", cum era denumită în secolul al XIX-lea, nu e o apariție recentă, nici o născocire a lumii moderne care își plânge golurile în oglindă, nu, ea a fost acolo dintotdeauna — sub alte nume, cu alte haine, în alte vremuri. Era prezentă pe papirusurile vechilor egipteni, în incantațiile din Mesopotamia, în tăcerile femeilor din Grecia antică ce nu mai voiau să cânte la harpă. Atunci i se spunea boală a sufletului. Mai târziu, Hippocrate a numit-o melancholia și a pus-o pe seama

„bilei negre”, un lichid imaginar care dezechilibra omul. Era teamă și tristețe prelungită, o acalmie dusă prea departe. Secole mai târziu, în 1621, Robert Burton, fascinat de psihologia umană, dar și de astrologie, filozofie, medicină și religie, a scris un tratat despre ea — *„The Anatomy of Melancholy”*. O vedea ca pe o forță care se instalează în oameni sensibili, visători, romantici și singuratici, iar eu, citind despre toate astea, am simțit cum fiecare pagină vorbea, cumva, și despre mine.

Melancholia... ce cuvânt frumos pentru o suferință atât de grea. Sună aproape poetic, o tristețe care nu face zgomot, dar care îți schimbă traiectoria vieții. În secolul XIX, deja începea să capete formă de diagnostic. Medicii o numeau „stare depresivă”. Emil Kraepelin, un psihiatru german, a fost printre primii care au observat că această stare vine și pleacă, că poate alterna cu exaltarea, cu euforia. A așezat-o pe hârtie și i-a dat un loc printre bolile sufletului. Așa a apărut depresia — cu nume nou, dar cu același trup vechi. Și nu, nu-i un defect de caracter, așa cum ne-au spus uneori cei care n-au cunoscut-o. Nu-i lene, nu-i capriciu, nu-i o toană de femeie sensibilă. Este o tăcere care urlă prin toți porii, o prăpastie interioară în care nu mai recunoști ecoul. Și totuși, e parte din povestea noastră, parte din ceea ce ne definește uneori, până în ziua în care decidem să-i schimbăm și noi numele.

Cum se manifestă ea în corp, în minte, în relații

Viclenia ei e covârșitoare, o știi și tu. Uneori îți dă impresia că alături de ea îți este bine, alteori te prinde pe nepregătite și, dintr-odată, îți oprește viața. O face cu o naturalețe care pare firească, dar care, în adânc, nu are nimic firesc.

Am cunoscut mulți oameni care trăiesc cu depresia fără să știe că ea le locuiește în suflet. Uneori am avut senzația că ne naștem cu această rană invizibilă, iar ea nu se va arăta niciodată într-o analiză de sânge. Am încercat și eu, la fel ca alții, calea pastilelor. Pentru unii au fost colacul de salvare care i-a ținut în viață în zilele cele mai negre. Pentru mine, și pentru mulți dintre cei pe care i-am întâlnit, nu au adus decât o liniște temporară, o pauză între două furtuni. N-au fost niciodată răspunsul întreg.

Johann Hari povestește în *Legături pierdute* cum ani la rând a fost tratat doar cu antidepresive. A încercat zeci de variante, dar adevărata schimbare a venit abia când a început să caute cauzele sociale și emoționale ale durerii lui: lipsa de sens, de conexiune, de apartenență. Atunci a înțeles că problema nu era doar în el, ci în felul în care trăia.

Nu contest rolul pastilelor în anumite cazuri. Dar experiența mea și a celor de lângă mine m-au făcut să înțeleg că, pe termen lung, vindecarea cere mai mult decât o substanță. Depresia nu mi s-a arătat ca o boală de tratat, ci ca o trăire dureroasă, ca o experiență care mă obliga să privesc altfel viața și să-mi asum ceea ce nu pot controla, fie că e fizic, spiritual sau moral.

Pentru mine, depresia a fost asemenea unei prietene toxice: vine lângă tine și îți șoptește că rochia pe care o porți nu îți vine bine, deși știi că îți stă perfect.

Da, așa se manifestă, ai ghicit! Exact acel moment când simți furia interioară, chiar în stomac, apoi pune stăpânire pe tot corpul și, apoi, pe toată mintea. O furie interioară cu care, de-a lungul anilor tu, eu, și alții ne-am obișnuit. Traume transgeneraționale, traume de atașament, trauma medicală, colectivă, ascunsă etc. sunt, în principal, motivele depresiei. Acestea, nevindecate la timpul lor, devin sursa reală de nemulțumire, de neliniște sufletească. Se adună, mocnesc tacit în locuri ascunse ale corpului, țin companie urâtului și îl multiplică. Cu timpul, îți va spune cine nu ești, ce să faci, cum să te comporți și cum să devii o verigă slabă a societății. Te va forța, în moduri cât mai viclene, să renunți la autenticitate și să devii asemeni lor – cei care „suferă de depresie”.

În corp – schimonosește, zbârcește, lucrează cu organele pe nesimțite și încetinește ritmul lor, apoi al tău.

În minte – îți spune cine nu ești, te lamentează și îți șoptește că în confort vei deveni cea mai bună versiune a ta.

În relații – sugrumă toată dragostea și o ucide puțin câte puțin, dar începând cu tine. Din momentul în care depresia îți devine cea mai bună prietenă, relația ta nu va mai exista și va dispersa timpul.

Îți voi spune, în paginile care urmează, cum draga noastră, depresia, deține cele mai temeinice arme responsabile pentru autodistrugere și ce să faci, ca simplu prieten al ei, să o dai la o parte. Te voi ajuta, așa cum și eu am reușit să mă ajut pe mine, să stai de vorbă cu ea. Să o privești în ochi și să-i înțelegi jocurile, ba chiar să înveți cum să le câștigi.

Acum, hai să înțelegem împreună:

De ce o confundăm uneori cu identitatea noastră?

Citind următoarele rânduri te vei vedea în oglindă, fix așa cum ești. Poate va durea, dar e o durere curată, care aduce adevărul. Eu am avut curajul să mă privesc și, mai târziu, să mă accept așa cum sunt. Nu sunt aici doar să te mângâi, ci să-ți readuc în prim plan omul care ești cu adevărat și pe care e nevoie să-l vezi. Nu vreau să ne mințim, ci să fim loiali durerii, ca să o putem anihila.

Știu, de multe ori ți s-a spus că pari fals(ă). Că zâmbești fals, că te comporți ca și cum ar fi nevoie să-i mulțumești pe cei din jurul tău, dar pe tine, deloc.

Te-ai trezit de multe ori în ipostaza: „Eu ce caut aici? Cine sunt? De ce mi se întâmplă mie toate astea?". Sau ai urlat pe dinăuntru, cu voci pe care nu ți le aude nimeni — decât prietena ta, depresia: „Vreau și eu o viață normală, să evadez de aici, să am și eu ce au alții.". Ei bine, acea versiune a ta nu erai, de fapt, tu, ci prietenul — sau prietena — de care depresia ta avea nevoie pentru a se pune în evidență, pentru a te acapara complet. Viciile, ideile fixe despre viață, relații, iubire... nu erau despre tine, ci despre ceea ce i-ai permis prietenei tale să facă din tine. Și da, te-a transformat, fără să conștientizezi, în ceea ce nu ți-ai dorit vreodată să fii. Nu! Nu e chiar vina ta — cu toții ne-am aflat într-un moment ca acesta. Unii au rămas puțin timp cu ea, alții, deloc. Alții... foarte mulți ani.

Eu, de exemplu, am poposit de mână cu ea foarte mulți ani, timp în care mi-a dictat viața așa cum a dorit. Pe alocuri, în puține cazuri, fiind conștientă de schimbare, am reușit să schimb traiectoria, dar mai apoi... reveneam la „normal". E nevoie de timp, înțelegere, de iubire. De multă iubire de sine. De foarte multă iubire de sine, solitudine și de un angajament sincer pentru schimbare, pentru a produce ceea ce îți dorești: schimbarea.

De aceea sunt eu aici. Din acest motiv mi-a fost menită această carte — pentru a face schimb de prietenii, pentru a te ajuta să cobori măști, să te demachiezi, să ignori hainele scumpe și să te descoperi, puțin câte puțin, pe tine.

O confundăm cu identitatea noastră deoarece confortul este cel mai mârșav clișeu al societății. Și, da, așa cum am mai spus, depresia se hrănește cu el. Sunt prieteni de nădejde și conlucrează excelent împreună.

Când ești cu adevărat ocupat cu propria evoluție, reușești să te concentrezi mai mult pe sine decât pe exterior.

Nu mai ești în confort, în „mi-e bine așa”, în rătăcire. Când ajungi să îți recunoști cu adevărat drumul, nu mai e nevoie de nimeni să te țină de mână, pentru că tu știi deja ce ai de făcut. Confortul dus la extrem prelungește viața depresiei, o face să înflorească lângă tine șisă te aducă în dezechilibru complet.

Eu sunt o femeie destul de energică, dar, uneori, ba chiar în momente de glorie, preferam confortul și, da, l-am gustat și eu de foarte multe ori. E ca o prăjitură pe care o mănânci atunci când nu ai voie și care devine tot mai toxică.

Mulți mă felicitau, îmi strângeau mâna, mă opreau pe stradă să-mi mulțumească pentru cărțile scrise. Spuneau că scriu frumos, că inspir, că arăt bine, iar eu, în mintea mea, simțeam doar un singur lucru: „Nu merit nimic din toate astea. Nu știu să fiu mulțumită cu succesul meu. Și nici să arăt asta oamenilor din jur.”. Nu mi-am înțeles niciodată succesul. Nu m-am bucurat de el, pentru că, în locul bucuriei, altcineva îmi ținea companie.

Acum, când mă gândesc câți oameni mi-au scris, mi-au mulțumit, mi-au vorbit despre cum i-am atins prin cuvintele mele... și când îmi amintesc că eu abia puteam rosti un „mulțumesc” sincer, îmi dau seama cât de adânc în mine era, de fapt, draga mea prietenă — depresia. Deși scrisesem cărți care aveau succes, eu nu realizam asta. Nu simțeam. Pentru mine, scrisul este ca respirația. Dacă nu scriu, nu exist. E ceva firesc, nu e muncă, e plăcere, singura pasiune care mă întregește cu totul. Când scriu, simt că sunt aliniată cu mine. Când nu o mai fac, uit, mor, mă epuizez în gânduri care nu știu să se așeze.

Și, da, am iubit și eu confortul. Am rămas acolo, într-o stare în care era mai bine cu altcineva decât cu mine. Poate și de asta n-am reușit niciodată să primesc cu adevărat laudele cititorilor. Pentru mine, scrisul era... simplu. Nu trebuia să fac nimic ca să scriu, iar eu fusesem învățată că, pentru a primi laude și bani mulți, trebuie să muncesc până la epuizare. Eu nu munceam — eu scriam și, tocmai de aceea, nu îmi permiteam să accept succesul. Mă simțeam fără sens, goală pe dinăuntru, pentru că trecutul meu și subconștientul meu mă învățaseră altceva. Eram într-o contradicție dureroasă cu mine și cu depresia mea. Ca și cum ea voia să mă țină jos, iar eu încercam să zbor, dar cu aripile ei.

A durat mult timp până să înțeleg cu adevărat cine sunt și că menirea mea, atât de simplă, este să scriu. Că bucuria cea mai mare trebuie trăită tot simplu și că nemulțumirile nu mă ajută să evoluez.

Depresia mi-am conștientizat-o de curând. Acum vreo trei, patru ani, într-un moment solemn de meditație.

Am citit mult și așa m-am și descoperit. Așa am învățat că pentru a obține liniște, succes și bani trebuie să mă ridic din confort, din lene, și să mă bucur de ceea ce sunt cu adevărat. Să mă conectez la emoția și menirea mea, ca să pot oferi lumii adevărata fericire care mă bântuie.

Multă lume se întreabă de ce majoritatea artiștilor suferă de depresie. Pentru că, nu-i așa, ei au tot ce își doresc: faimă, bani, succes, laude, oameni care îi susțin.

Studiile spun că stările negative, inclusiv tristețea și anxietatea, deschid porțile către un nivel de atenție și introspecție intensă. Sunt cercetări care arată că stările emoționale mai joase pot accelera creativitatea, făcându-i pe artiști mai concentrați, meticuloși, capabili să vadă detalii la care alții nu reacționează. Kay Redfield Jamison, un psiholog clinician și scriitor american, afirmă că aproximativ 38 % din poeți și scriitori au suferit o tulburare de dispoziție. Cercetările realizate pe mai mult de 300.000 de oameni arată că bipolaritatea și tulburările schizotipice sunt mult mai frecvente în profesiile creative. Fenomenul „artistului chinuit" descrie un tipar frecvent: presiunea emoțională și obsesivă generează creație, dar prețul este adesea o minte fragilă și vulnerabilă. Beethoven, Van Gogh, Woolf, Schumann — toți exemplifică acest paradox: geniul creativ născut din durere și izolare. Tulburările bipolare combină perioade de euforie creativă cu căderi adânci, oferind un ciclu care poate influența puternic creativitatea. Mulți creatori folosesc arta ca o formă de terapie — o modalitate de a procesa traume, anxietăți sau sindromul impostorului.

Îmi dai voie să contest toate acestea?

Conexiunea cu sine este foarte profundă în cazul artiștilor, dar lipsa ei adâncește și mai mult în depresie, în stări care îndepărtează artistul de propria existență. Artiștii, într-adevăr, suferă mai mult, pentru că simt mai mult. Pentru că un episod trist care apare în viață este trăit de ei foarte intens, în comparație cu alți oameni care nu au preocupări artistice. Să pășești în cotloanele creierului, pentru un artist, este foarte ușor. Devine greu când nu o mai poate face. Și, da, cele mai întunecate momente hrănesc egoul artistului, îi dau sens și esență. Dar lipsa conexiunii cu sine adâncește și mai mult în depresie. Artistul este flămând după situații-limită, momente de intensitate, trăiri rare, pentru că acestea îl inspiră, îi construiesc sensul. Se adâncește în tristețe ca să îi înțeleagă rădăcina, apoi să o contrazică. Un artist autentic simte lumea la nivel de celulă și, de cele mai multe ori, chiar poate „opera” cu precizia unui medic. Suntem diferiți, desigur, dar, de cele mai multe ori, lipsa inspirației este lipsa vieții. Fără trăire, artistul intră în cea mai neagră negură — depresia. Doar el știe de ce, cum și unde.

Una este să trăiești intens, și alta este să te lamentezi în depresie.

Intensitatea vieții nu este un clișeu al confortului, ci zbuciumul inimii.

Artiștii suferă de depresie pentru că uită să se mai întoarcă la sine. Pierd conexiunea cu sinele interior, deoarece, de cele mai multe ori, mulțimea îi sperie sau îi obosește. În solitudine, artistul se simte cu adevărat complet. Acolo, preocuparea lui principală devine arta, creația. În liniștea propriei minți se nasc cele mai prestigioase opere. Drogurile, alcoolul, pornografia nu sunt decât pârghii disperate pe care le caută ca să se întoarcă la sine. Uită, de cele mai multe ori, cine sunt. Studiile nu pot măsura durerea absenței de sine. Nu pot înțelege ruptura profundă dintre artist și sinele lui creator. Nimeni nu va ști niciodată ce se întâmplă cu adevărat în mintea unui om fascinat de creație. Doar el — și liniștea lui — va ști .

Dar, știi, eu sunt convinsă de existența artistului în fiecare dintre noi. Cu toții suntem creatorii lumii — și, mai ales, ai propriei noastre persoane. Unii dintre noi au în ADN profunzimea, o unealtă rară a individului, pe care nu toți o pot deține.

Pentru că, da, ea e înspăimântătoare. Creează intensitate și frică. Nu toți putem fi preoți, pentru că legătura cu divinitatea este sacră și nu toți o putem aprofunda. Dar, cu siguranță, fiecare dintre noi este ceva. Fiecare putem crea ceva — indiferent de mărimea sau forma emoției transmise.

Tocmai de aceea, creația are nevoie de echilibru. Și, mai ales, de liniște cu sinele. Când vocile din cap strigă cu disperare: „nu poți, nu știi, nu ești bun", evident că nu mai reușești să creezi pentru că acele voci te vor mic, inhibat, o unealtă ușor de manevrat, prins într-un clișeu comod.

Și tu ești un artist. Poate că, acum, ești un artist pierdut. Te-ai rătăcit prin lume de mână cu o prietenă invizibilă care, de ceva vreme, creează în locul tău. Ce anume? Stări de panică, anxietate, neînțelegeri, stimă de sine scăzută, lipsa iubirii. Ea creează, nu tu. A preluat volanul și o face dintr-un loc profund inconștient. Știu, nu tu i-ai permis asta. S-a întâmplat tacit, iar acum te-ai obișnuit cu ea. Dar să-ți spun un secret: jocurile minții se pot câștiga cu o singură decizie care spune simplu și ferm: „vreau să mă întorc la mine".

Nu ești singur în această rătăcire. De-a lungul istoriei, mulți artiști au simțit aceeași prietenă invizibilă și i-au dat nume, au lăsat mărturii sau au transformat-o în creație.

Despre cum a fost numită și definită această stare, dar și despre cine sunt acei mari artiști ai lumii care au traversat-o, am scris pe larg în Capitolul 3. Acolo vei vedea cum fragilitatea și puterea se pot împleti în aceeași viață și cum se naște mitul „artistului melancolic".

Cum ieșim din capcane? Capcană vs. Antidot

Capcana productivității: ai învățat că valoarea ta stă în cât produci. Când motorul se oprește, ai impresia că tu „nu mai ești".
Antidot: definește 3 criterii de progres care nu țin de performanță (somn profund de 30 de minute o plimbare scurtă, un apel autentic).

Capcana perfecționismului: dacă nu e impecabil, atunci e eșec. Depresia prosperă în alb-negru.
Antidot: „Două lucruri mici pe zi" (Capitolul 1). Acceptă versiuni „suficient de bune".

Capcana rușinii: „Sunt defect(ă), nu doar obosit(ă)". Rușinea te izolează și îți taie vocea.
Antidot: numește cu voce joasă ce ți se întâmplă în fața unui om sigur. Rușinea scade atunci când e văzută.

Capcana comparației: feed-ul arată doar vârful icebergului.

Antidot: igienă digitală (vezi Capitolul 8): limite, mut, unfollow, fără ecran.

Capcana externalizării valorii: aștepți validarea din exterior ca să te simți „în regulă".
Antidot: ritual zilnic de auto-validare: „Astăzi am fost atent(ă) la mine când...", scris în 2 rânduri.

Când oferi un nume capcanelor tale, nu te mai confunzi cu ele. Depresia devine un „ce", nu „cine ești".

Hărți ale durerii — lumea, pe scurt

Cifrele sunt hărți aproximative, nu destine și ele arată relief, nu viață. Îți propun să le privim cu discernământ, ca să înțelegi *contextul* în care trăiești, nu să te judeci.

Există locuri în lume unde depresia nu are nume, diagnostic, cod și nici medic, dar doare și e prezentă. În Zimbabwe, de exemplu, oamenii nu vorbesc despre „depresie", ci despre kufungisisa – „a gândi prea mult". E felul lor de a spune că mintea doare, că inima e grea, că s a pierdut ceva important și golul crește înăuntru. În cultura Shona, starea aceasta nu e o „boală" separată de viață, ci o trecere: o perioadă în care omul are nevoie de ritm, de oameni, de sens. Se duce cu ea la piață, la câmp, la râu; nu o învelește în termeni, o trăiește.

În multe țări fără acces la internet, tabletă, calculator sau telefon, copiii nu știu să se compare. Nu au conturi, filtre, validări; nu și măsoară valoarea în like uri. Viața înseamnă astăzi: mâncare, apă, somn, familie. Acolo, dacă doare, doare pentru că a murit cineva, pentru că e foame sau pentru că nu a mai plouat. Durerea este concretă. În lipsa oglinzii sociale care te rupe de tine, acceptarea vine uneori mai firesc. Când sufletul e greu, oamenii se retrag în pădure, pe malul apei, în colțul lor de liniște. Se duc acolo unde nimeni nu le cere să fie altfel decât sunt. În spațiul acela fără presiune, mulți se reconectează: cu sine, cu Dumnezeu, cu comunitatea.

Am citit despre un bărbat din Uganda care a participat la un grup de terapie. Nu știa ce înseamnă „depresie". Nu știa că există o „boală a tristeții". Dar când și a pierdut copilul, și a pierdut și vocea. A spus doar: „Mă simt gol." Nu a vrut pastile. Nu a vrut sfaturi. A vrut să vorbească. Să fie ascultat și, pe măsură ce își spunea durerea în cercul altor oameni care nu știau că sunt „depresivi", a început să se vindece. Nu spectaculos, ci cu pași mici, în ritmul vieții care se întorcea în el.

Nu înseamnă că „acolo e mai bine" și „aici e greșit". Înseamnă că mediul modelează mult felul în care se hrănește suferința: clima, lumina, ecranele, munca, siguranța, sărăcia sau izolarea, cât de ușor ceri ajutor fără rușine. Țările cu rețele sociale strânse, timp petrecut afară, mers pe jos și ritm mai lent tind să raporteze mai puține simptome persistente; marile aglomerări, turele de noapte, lipsa somnului și comparația continuă apasă greu pe piept.

Ce iei cu tine din această panoramă?

Nu e „ceva în neregulă cu tine" — adesea e contextul care cere reglaje.

Când schimbi ritmul (somn, lumină dimineața, mers, hrană simplă, o conversație reală), creierul primește semnalul că viața e din nou locuibilă.

Nu ești o medie globală; ești o persoană într o viață anume. Planul tău e local, personal.

Exercițiu scurt: „Harta mea locală" (10 minute)
Ce din contextul meu mă apasă cel mai mult în ultima lună? (somn, ecrane, singurătate, muncă haotică, lipsă de lumină, lipsă de sens).

Ce am la îndemână chiar azi, fără costuri?
De exemplu 12–15 minute de mers, o fereastră deschisă dimineața, o farfurie simplă, un mesaj către un om sigur, o oră fără ecran înainte de somn.

Ce pot repeta 3 zile la rând? Bifează în agendă. Repetiția bate eroismul de o zi.

Statistica e o busolă și nu o condamnare. Îți arată nordul, dar nu îți calcă drumul. Uită te la lumea din jurul tău ca să înțelegi **de ce** te simți cum te simți — și apoi revino la viața ta: aer, lumină, mers, hrană, voce. Aici, în grădina ta mică, începe să se vadă deja schimbarea.

Ce înseamnă mai exact „întoarcere la sine”?

Cu siguranță, de foarte multe ori, ai simțit că nu folosești lumii, că prezența ta este inutilă sau că stânjenește. Te-ai blocat în cotloane ale minții care nu își mai găseau sensul și îți dictau despre existență... reversul ei. Mai mult ca sigur, de multe ori, de foarte multe ori, ai privit cerul și nici măcar nu i-ai înțeles existența. Nu te-ai pierdut în „norișori”. Mergeai pe stradă, singur(ă), fără să bagi în seamă zgomotul societății sau cel al naturii, pentru că, nu-i așa?, zgomotul din creier devenise mai familiar. Mai prielnic. Te aflai într-o singurătate morbidă, pe care nici tu nu o mai înțelegeai.

Dar au fost și momente de luciditate, știu — destul de puține — când ai realizat profunzimea unui câmp cu flori sau susurul apei. Ai rătăcit stingher(ă) de multe ori. Ai căutat ceva în locuri pe care uneori le înțelegeai, alteori nu. Dar au fost și clipe în care ai afirmat: „ce frumos este aici!”. Ei bine, acel moment este întoarcerea la sine. Când conștientizezi frumosul din jurul tău, atunci recunoști, pentru o clipă, și frumosul din tine. Când trăiești pe deplin ceea ce înseamnă solitudine și te conectezi la cea mai apropiată sursă de bine — tu.

Înmulțește, de câte ori poți pe zi, aceste fraze: „ce frumos este”, „ce bine mă simt aici”, „ce liniște este în acest loc”, „ce frumos este acest om” sau „ce frumoasă este această carte” — și vei vedea cum drumul către tine va deveni tot mai scurt și mai blând.

Imaginează-ți că tot ceea ce spui te caracterizează. Și evită să mai rostești cuvinte dure care te sabotează. Întoarcerea către sine, drumul acesta, este pavat cu ceea ce reprezinți ca entitate. Și îți garantez — acea cale are, de-o parte și de alta, peisaje care te vor încânta și, mai ales, te vor liniști.

Respiră. Inspiră. Și imaginează-ți că mintea ta e plană. Că, de undeva de sus, de deasupra ta, curge infinit o lumină galbenă, caldă, care te pătrunde. Îți oferă o liniște pe care nu ai mai trăit-o și care spune stop gălăgiei. Curge din creier spre ochi — îi scaldă în mulțumire — apoi spre nas, gură, gât, piept, stomac, bazin, picioare. Te învăluie cu totul și te încălzește. Plutești și respiri. E liniște totală, e frumos, e real, e bine. E prima ta portiță spre sine. Momentul acela în care dai voie corpului să simtă tot ceea ce ești: bunătate, candoare, echilibru, iubire, traume moștenite, tot ceea ce însemni real cu tot binele și răul adunat la un loc.

Îmbrățișează-te cât mai des și mulțumește-ți în fiecare zi pentru existență. Drumul spre sens este chiar aici.

Exercițiul „Gândește bine" este, poate, unul dintre cele mai simple și mai vindecătoare limbaje ale minții. Cu cât alegi să fructifici binele din gândurile tale, cu atât îți vei înflori și starea de bine. Mintea se hrănește din ceea ce îi oferi, iar recunoștința pentru lucrurile minunate care se întâmplă în jurul tău poate deveni sursa ta zilnică de energie.

Afirmă pozitivul ori de câte ori simți nevoia să spui ceva rău despre tine, despre ceilalți sau despre lume. În loc de: „Ce urât este acel om!", încearcă: „Poate este un bine pentru cineva." În loc de: „Este prea greu.", spune: „Sunt capabil să obțin tot ce îmi doresc."

La început, nu vei simți că se întâmplă ceva miraculos. Dar, cu timpul, pe măsură ce îți hrănești mintea cu mesaje blânde, sănătoase și încurajatoare, vei începe să observi cum gândurile tale devin aliatul tău, iar energia și vitalitatea prind rădăcini în tine.

Orice transformare cere un strop de ambiție și consecvență. Se spune că mintea are nevoie de cel puțin 21 de zile pentru a construi o nouă obișnuință: fie că e vorba despre o rutină mai sănătoasă, despre disciplină, despre sport sau despre o gândire mai luminoasă.

Reține! Regăsirea binelui din tine este doar regăsirea ta, cu tot ceea ce însemni în Univers. Ești un cumul, tot ceea ce traumele moștenite, copilăria, dramele vieții au lăsat în tine. Să te regăsești înseamnă să accepți ceea ce ești cu adevărat, exact așa, cu toate cicatricile la vedere, cu tot ceea ce ești pregătit să vindeci și să accepți. Noua ta versiune este vechiul tu acceptat, privit cu apreciere și admirație.

Mai jos vei regăsi exerciții ghidate care te vor ajuta să intri în propria ta grădină, acolo unde este liniște și bine.

Exercițiul ghidat: Sădește binele în grădina ta

Ia-ți 10 minute doar pentru tine. Poți să stai așezat(ă) pe un scaun, întins(ă) în pat sau cu spatele rezemat de un perete. Important este să îți fie comod. Închide ochii și respiră profund de trei ori. Inspiră. Ține aerul câteva secunde. Expiră lent. Lasă gândurile să vină, dar nu te opri asupra lor. Doar observă-le. Acum, imaginează-ți că mintea ta este ca o grădină. O grădină în care ai plantat în fiecare zi, fără să-ți dai seama, semințe de neîncredere, de vină, de nemulțumire. Uită-te la ele. Le recunoști? Poate le știi de ani. Apoi, adu-ți aminte de o zi în care ai fost recunoscător(e). Poate ai văzut un apus, ai primit un mesaj de la cineva drag sau ai zâmbit fără motiv.

Din acea imagine, crește o nouă sământă: a binelui. Spune acum, în gând sau cu voce tare:

„Aleg să îmi hrănesc mintea cu gânduri care mă sprijină."
„Văd frumosul din jur și îl recunosc în mine."
„Sunt capabil(ă) să fac bine, să primesc bine, să fiu bine."

Repetă aceste afirmații de trei ori, respirând adânc între ele. Când simți că e suficient, deschide ochii și scrie.

Trei gânduri bune pe care le-am avut azi
Trei lucruri frumoase pe care le-am observat în jurul meu
Trei calități ale mele pentru care mă apreciez
Trei lucruri pentru care ești recunoscător(e) (oricare ar fi natura lor, bună sau rea)

Exercițiu-ghid: Întoarcerea către sine

Alege un loc liniștit, în care nu te grăbește nimeni și nimic. O canapea, o pătură, o margine de pat, o bancă în parc. Încetinește gândurile și lasă telefonul deoparte. Închide ochii și așază-ți mâna dreaptă pe piept și mâna stângă pe abdomen. Respiră adânc și conștient. Inspiră pe nas, lent, ca și cum ai vrea să aduni în tine aerul unei dimineți de vară. Ține-l un pic. Și expiră pe gură, cu ușurință, ca și cum ai vrea să eliberezi tot ce nu mai e al tău. Repetă asta de trei ori.

Apoi, spune-ți în gând:

„Sunt aici."

„Îmi dau voie să simt."

„Îmi dau voie să fiu."

Gândește-te la un moment din viața ta când te-ai simțit întreg(ă). Nu fericit(ă), nu euforic(ă), ci pur și simplu întreg(ă). Un moment în care nu îți lipsea nimic. Poate o vară la bunici, o carte citită sub plapumă, o îmbrățișare. Lasă acel moment să se așeze în corpul tău. Să-l simți cu pielea, cu stomacul, cu spatele, cu degetele. Nu grăbi nimic. Dacă vin lacrimi, lasă-le să curgă și nu întreba de ce, face parte din proces.

Și apoi, întreabă-te, dar fără să te judeci:

„Ce am nevoie acum?”

„Ce vrea corpul meu să îmi spună?”

„Unde nu sunt în acord cu mine?”

Poposește cu răspunsul. Nu te grăbi să-l înțelegi, doar ascultă-l. Poate azi nu-l vei înțelege pe deplin, dar ți-ai dat voie să asculți și asta înseamnă să te întorci la tine.

		S	– singurul
		I	– idol
S	U	N	T
		E	U

Revenire

Acum, că suferința ta poartă un nume și i-ai oferit un chip, finalul acestui capitol l-ai simțit revelator, nu-i așa? Pentru că, pe alocuri, ai înțeles că sinele, așa cum este el – cunoscut cu jumătăți de măsură – poate reconstrui. Se spune că niciodată nu vom ajunge să ne cunoaștem îndeajuns. Că adevărata noastră personalitate este ascunsă și că ceea ce suntem este, de fapt, o manipulare subtilă a societății. Nu contest această afirmație. O simt ca fiind o realitate, încă de când m-am apropiat tot mai mult de mine. Nu vom deține prea curând adevărul deplin despre noi, pentru că suntem ființe complexe, capabile de transformări incredibile. Cine spune că deține adevărul absolut, nu a aflat nicicum adevărul despre sine. Cu cât te apropii mai mult de „adevăr", cu atât el pare să se îndepărteze mai tare de tine. Este ca și cum ți-ai dori să atingi curcubeul — acea întâlnire rară și sublimă dintre lumină și apă, dar nu poți, pentru că e imposibil.

Dar poți deveni și tu un curcubeu al societății și, mai presus de orice, ai voie să fii tu însuți lumina. Cum? Înțelegând ce ești și ce poți oferi.

Cu toții vom suferi, mai devreme sau mai târziu, de depresie. Și ține de fiecare în parte cât îi permite acestei

„dragi prietene" să-i acapareze existența. Îți poate fi prietenă o vreme. E normal. Cu toții am avut, la un moment dat, prieteni toxici care ne-au arătat părți din noi înșine. Și, da, depresia este exact acea parte toxică din tine care scoate la iveală, dureros și apăsat, lucruri nespuse. Ești responsabil atât de existența, cât și de non-existența ei. Iar dacă nu reușești singur(ă), să știi că există oameni care pot ajuta, care pot vedea ceea ce tu nu mai poți, care știu să te ghideze cu înțelepciune— spre drumul tău. În terapie, cărți, oameni care știu să vadă bine în tine, îți vei găsi cele mai ascunse răspunsuri despre tine. Vei plânge, vei fi uimit(ă) când te vei descoperi. Poate, chiar vei fi pierdut(ă) o perioadă. Dar nu te speria, este despre regăsire, pentru că, da, e nevoie să rătăcești puțin înainte de a te regăsi. E nevoie să descoperi ce te doare sau de ce îți este frică pentru a găsi rezolvarea. Dar nu acea rezolvare completă, nu te gândi că „acea rezolvare" vine ca o problemă de matematică care are un răspuns clar, nu. Nu e deloc așa. Aici vorbim despre acceptare, să înveți să accepți ceea ce ești cu adevărat, să fii mulțumit de non-sensul tău și să îi dai sens.

Acum, la final de acest capitol introspectiv, mi-ar plăcea să-mi spui ce ai conștientizat. Scrie o scrisoare către sine, una în care să îi spui cum te simți acum. Consideră sinele o altă persoană căreia i te destăinui. Un terapeut căruia îi spui cine ești acum cu adevărat. Ce simți, ce doare, ce te deranjează, ce iubești. Mai sus, mă ai pe mine ca exemplu, acolo unde mi-am făcut „autoportretul depresiei". Acum e rândul tău să o faci, să stai față în față cu ea și să o desenezi, nuanțezi, cum știi tu mai bine.

Autoportretul depresiei mele,
(cum arată depresia ta?)

Capitolul 3

Mitul depresiei ca boală

De multe ori am avut puterea să spun: singurul moment cu adevărat instabil al vieții, care mă poate doborî, este acela în care nu mă mai pot mișca. Și poate, chiar și atunci, aș face eforturi uriașe pentru a reveni la mine. Ce nu putem controla sunt războaiele, furia naturii, bolile autoimune fără tratament, pandemiile, catastrofele care vin fără avertisment, lipsa resurselor, nedreptățile colective care ne transformă în victime fără vină. Dar restul existenței? Poate fi adus cât mai aproape de bucurie, mulțumire și sine, prin mijloace care ne sunt atât de la îndemână și pe care le uităm tocmai pentru că sunt simple: respirația, liniștea, recunoștința, solitudinea, iubirea.

Desigur, sunt boli psihice reale, profunde, devastatoare, care necesită tratament. Unele pot fi susținute medicamentos, altele pot fi ameliorate prin terapie sau abordări complementare, iar unele încă nu au un răspuns clar din partea medicinei.

Alzheimer, Parkinson, scleroza multiplă, demențele fronto-temporale — toate sunt boli care afectează integritatea identității și voinței. În fața acestor afecțiuni, viața mai are puține răspunsuri, iar cuvintele noastre rămân suspendate în neputință.

Nu vreau să mă cert cu niciun diagnostic; vreau doar să ies din îngustime. Când i-am spus depresiei că e singura care decide cine sunt, am pierdut din vedere viața din jur: somnul meu frânt, munca fără sens, singurătatea de seară. Când mi-am dus privirea de la creier la context, am văzut că adevărul nu stă într-un singur flacon, dar nici într-o singură metaforă; stă în felul în care îmi tratez corpul, în oamenii pe care îi las aproape și în ce fac cu rușinea în nopțile lungi. Pentru mine, asta a fost cheia.

În durerea ascuțită ești în stare de orice, ai lua orice ți-ar promite o clipă de liniște, iar pastila pare singura mână întinsă; în depresie însă durerea e altfel, e surdă și nu țipă, ci apasă, și de aceea antidepresivele pot fi, pentru unii oameni și în anumite momente, colacul de salvare care ține la suprafață până când respirația revine, pentru alții — cum a fost la mine — doar o punte scurtă de odihnă, nu malul celălalt. Nu le demonizez și nu le idealizez: decizia nu se ia singur(ă), se ia cu un specialist care îți cunoaște povestea, cu un corp pe care îl asculți atent și cu o viață pe care o reglezi pas cu pas, pentru că uneori medicamentul îți dă timp, dar vindecarea cere și lumină dimineața, și somn, și oameni aproape, și sens.

La vârste înaintate, când mintea obosește și corpul nu mai poate regla fin ce altădată regla cu ușurință, medicația poate aduce un pic de echilibru, dar singurătatea nu încape într-un flacon și nici dorul nu se dizolvă în apă, au nevoie de prezență, de ritm, de o cană caldă băută lângă cineva care te strigă pe nume. Iar dacă mai ai în tine un strop de energie pentru luptă blândă, echilibrul — nu extrema — e calea cea mai sigură către sinele adevărat: poate fi și–și, nu ori–ori; pastila, când e nevoie și e indicată, ca să nu te îneci, și munca ta zilnică, mică și constantă, ca să re-înveți să înoți fără să te pedepsești.

Așa înțeleg eu acum: în depresie nu cauți o magie care să șteargă totul peste noapte, ci îți construiești un doc stabil din lucruri reale — aer, mișcare, hrană simplă, cuvinte bune, limite sănătoase — și, dacă medicul spune că îți trebuie un colac, îl iei cu recunoștință, dar nu uiți că malul îl atingi cu pașii tăi.

Dar, tu nu ești stricat(ă), ești om. Iar ceea ce trăiești s-ar putea să fie, uneori, mai puțin „defect" și mai mult răspuns: la pierdere, la nesiguranță, la izolare, la oboseală pe termen lung, la lipsa sensului sau apartenenței.

Eticheta „boală” poate să ajute — dă un nume, un cadru, un plan — sau poate să apese și mai tare pe piept, dacă o confunzi cu identitatea ta. În paginile acestea nu negăm medicina și nici nu romantizăm suferința. Îți propun, în schimb, o cântărire onestă: ce știm sigur, ce e încă în discuție și cum iei decizii bune pentru tine.

***

De curând, am suferit o intervenție chirurgicală majoră. Un chist ovarian s-a rupt, iar tot abdomenul mi s-a umplut de sânge. Am fost operată de urgență, iar înainte de intervenție, medicii — deși mi-au spus că nu voi rezista mai mult de două ore — m-au întrebat dacă sunt de acord să fiu operată. Sincer? N-am știut ce să răspund. Nu pentru că nu voiam să trăiesc, ci pentru că, în clipa aceea, îmi era mai teamă de incompetență decât de moarte. Mă temeam că nu voi fi salvată, că nimeni nu știe cu adevărat ce să facă, că toți doar îmi estimează sfârșitul. Lipsa de încredere izbucnea din mine exact acolo unde ar fi trebuit să am încredere deplină — în pântec. N-aveam cum s-o scot afară. O doamnă doctor — dintre cei opt care m-au consultat — a știut să-mi spună adevărul simplu, fără dramatism. Mi-a explicat cauza incertitudinii mele: era sângerarea, șocul și oboseala corpului. Și, în câteva minute, am trecut de la neîncredere la o încredere colosală. Am semnat decretul cu viața. I-am spus: „Să mă ții de mână. Așa ne-a fost învoiala.” Și m-a ținut. Am trecut prin dureri cumplite, printr-o oboseală cruntă, dar nu m-a doborât nimic. Psihic și emoțional, am fost tare, pentru că mi-am promis că nu o să cedez în fața durerii.

Primele zile după operație au fost infernale. De fiecare dată când încercam să mă ridic, aveam stare de leșin. Nu am mâncat nimic, îmi venea să plâng și să urlu, dar nu mai aveam putere nici pentru asta. Și totuși, în toată această slăbiciune, am știut că e o trecere. Am mai trecut prin dureri, dar nu așa. Nu cu sânge și cu moartea atât de aproape de mine. Acest moment a fost, într-un fel, apogeul durerii. Și chiar și în acest apogeu, am rămas întreagă și m-am ținut cu dinții de viață.

Mi-am promis de atâtea ori că nu mă voi lăsa pradă durerii. Că o voi primi, dar nu mă voi contopi cu ea. Pentru că spune multe despre mine, recunoaștere și, de ce nu, o nouă cale către sine. Am înțeles, cu fiecare zi în care corpul meu s-a refăcut după acea intervenție, ce înseamnă, cu adevărat, boala. E prezentă în corp și nu o poți ignora. Deși m-a pus la pământ, uneori mai avea și tendința să îl fure, pentru că schimonosește tot: forța din mușchi, m-a lăsat fără vlagă, a slăbit vederea, palpitații intense, amețeli, sânge, durere fizică reală. A fost acolo, măsurabilă, diagnosticabilă, cu analize care arată clar că ceva este în neregulă. Boala fizică, deși dureroasă, e onestă pentru că ea anunță, se vede și se simte.

***

Dar depresia, această boală psihică a societății? E perfidă și atât de înșelătoare. Se instalează în gânduri pe nesimțite, în vocea aceea interioară care repetă: „nu ești bun(ă)", „nu mai are sens", „mai bine nu te-ai fi născut". Nu o vezi la ecograf și nici nu apare în RMN. Nu iese în analizele de sânge, nu se măsoară în cifre clare, și totuși... doare. Atât de tare, încât uneori vrei să dispari. Să nu te mai ridici din pat, să nu mai simți nimic, să nu mai fii.

În jurul anilor 1990, s-a propagat cu putere o idee care părea să ofere un răspuns simplu și liniștitor: depresia este cauzată de un dezechilibru chimic în creier, mai exact de un deficit de serotonină, iar antidepresivele vin să corecteze acest dezechilibru. Un gând tentant, aparent științific și salvator. Dar... este oare adevărat?

Joanna Moncrieff — cercetătoare, psihiatru și autor — și-a dedicat cariera analizării acestui mit. În cartea ei *The Myth of the Chemical Cure* („Mitul tratamentului chimic"), demontează ideea că depresia este o boală cauzată de lipsa unei substanțe în creier, cum e insulina în diabet. Ea explică clar: antidepresivele nu vindecă un dezechilibru, ci creează unul nou. Ele modifică artificial nivelurile de serotonină, dar nu corectează o deficiență reală, pentru că acea deficiență nu a fost niciodată dovedită științific.

Nu o spun eu ci, clar, o spune știința. Studiile revizuite de Moncrieff arată că, în cele mai multe cazuri, antidepresivele au o eficiență similară cu placebo. Da, pot da o stare de amorțire, de „nu-mi mai pasă", de pauză emoțională, dar nu vindecă. Și, de cele mai multe ori, nu rezolvă cauza, ba mai mult, creează dependență, afectează somnul, greutatea, sexualitatea și... te îndepărtează de sine.

Și atunci ce este depresia? Este o ruptură, o cădere și refuzul de a mai simți, sau, dimpotrivă, o suprasaturație de simțire. Devine o reacție la durere, la pierdere și neînțeles, la traumă, la o lume care nu mai oferă sens. Și poate că, în loc să o tratăm chimic, ar trebui să o ascultăm și să o ținem de mână. Să o întrebăm: „Ce vrei să-mi spui?". Nu neapărat să o respingem, ci să o înțelegem. Să îi dăm voie să treacă prin noi, să ne zdruncine, dar să nu ne definească. Este ceea ce trecutul a însămânțat în corpul tău. Tu ești grădina, iar timpul a plantat semințele pe care trecutul moștenit, traumele, familia și, chiar tu - le-ai plantat. De acolo au răsărit ceea ce ești astăzi. Dacă vezi o grădină frumoasă, atunci frumosul din tine există, dacă tot ce este împrejurul tău și, mai ales în grădina ta, nu te mulțumește, atunci e timpul să spui STOP, vreau să văd frumosul în lume!

Depresia nu e întotdeauna o boală în sensul clasic, nu e un virus care se instalează și se tratează cu o rețetă standard. Este o alarmă, un semnal că ceva din tine s-a pierdut pe drum, că ai rămas fără voce sau fără direcție, că durerea nu mai încape și cere să fie ascultată.

Poate că nu avem nevoie să o anihilăm cu pastile de fiecare dată, ci să stăm un pic cu ea, să o întrebăm: „Ce vrei să-mi spui? De unde vii? Cine ești în mine?", Să nu ne mai grăbim s-o numim boală ca pe un blestem, ci să o privim ca pe o reacție a corpului și a sufletului la o realitate insuportabilă.

„Boală psihică" sau depresia este ceea ce vor unii cercetători să transforme din „sănătate emoțională" în știință?

Da. Cu litere mari. Cu semnul exclamării. Cu toată revolta reținută a celor care au simțit pe pielea lor ce înseamnă să trăiești un doliu, o pierdere, o ruptură de sine și să ți se spună că ești „depresiv".

În ultimii ani, tot mai multe studii arată că medicația psihiatrică, în special antidepresivele, poate deveni o capcană pentru corp. Nu neg că, pentru unii, pot fi o salvare temporară. Poate chiar singura, dar, pentru mulți alții, depresia nu este o boală care vine dintr-un dezechilibru chimic, ci dintr-un dezechilibru de sens. Este o despărțire de sine, o absență de dimensiune, o cădere atât de profundă în interior încât nu mai simți nimic și totul doare.

Depresia este considerată ca fiind:
reacție la traumă,
reacție la doliu,
reacție la abuzuri,
reacție la o lume în care nu mai găsești un rost,
sau, uneori, reacție la nimic concret, dar care te prăbușește lent, până nu te mai recunoști.

Și totuși, chiar și în cele mai grele cazuri, depresia nu este afecțiune. Uneori, devine o căutare, alteori e o respingere a lumii care nu te mai vede și, uneori, e singura ta formă de a spune „mi-e prea mult".

Exemplul care m-a marcat cel mai tare este povestea unei mame a cărei fetiță a fost răpită și arsă de vie. Nu a vrut să se „trateze" și nici să i se spună că e „bolnavă mintal". A rostit, cu o luciditate zdrobitoare: „Vreau să trăiesc cu această afecțiune.". Și da, unele dureri nu vor vindecare în forma clasică, ci cer să fie locuite, privite și trăite pe deplin. A rămâne conectat cu durerea atâta timp cât ai nevoie nu este un semn de patologie. Este, poate, cel mai curat drum către regăsire. Joanne Cacciatore, una dintre cele mai vocale cercetătoare în domeniul doliului traumatic, a numit asta „excepția doliului". O excepție pe care DSM-ul, manualul de diagnostic al bolilor mintale, a recunoscut-o o vreme... până când, în 2013, a eliminat-o complet. De atunci, dacă îți moare copilul și suferi mai mult de câteva săptămâni, poți fi catalogat drept depresiv.

Dar ce spune existența umană? Ce spune o mamă care trăiește cu acel gol zi de zi și își pune speranța nu în medicamente, ci în a ajuta alți oameni, în a transforma rana ei în ceva care să aline? Ce spune acel suflet care, în loc să înghită tăcerea, alege să o spună, să o dăruiască, să o înțeleagă? „Să îi ajut pe alții este plata mea – și modul meu de a-i cere iertare.", Atât.

Depresia este voia ta de a te deconecta de la sine. Acel prieten toxic care te privește cu invidie, sau acea haină neagră care te ajută să porți în suflet o durere care vindecă. Cel mai de preț tratament, în cazuri limită, nu este întotdeauna o perfuzie, sau o pastilă cu efecte adverse pe termen lung. Nu! Este conștientizarea, nevoia profundă de a trata ceea ce doare — cu sine.

În fața multor afecțiuni, gândirea pozitivă (însoțită, desigur, de sprijinul medical corect) poate fi prima formă reală, palpabilă, la îndemână, prin care îți oferi ajutor. Și nu, nu vorbesc despre gândirea toxic pozitivă, ci despre acea alegere interioară de a nu abandona complet tot ce e viu în tine.

***

De câteva luni, urmăresc cu sufletul la gură cazul unei fete cu leucemie. O boală grea, cruntă, care nu lasă prea multe ferestre deschise. Chimioterapie, puncții lombare, transplant de măduvă, spitalizare după spitalizare. Un diagnostic care, în mintea oricui, ar putea echivala cu o condamnare. Și totuși, știi ce face fata asta? Zâmbește, luptă, inspiră lumea din jurul ei la viață. Și, în tot acest timp, depresia nu s-a atins de ea. Sau, poate a trecut pe la ușă, dar nu i-a deschis. A ales, în schimb, să trăiască cu sens și să fie un real exemplu pentru luptă.

Optimismul ei e un strigăt și deloc unul patetic. Ci un exemplu puternic, pentru toți cei care își permit „luxul" să nu vadă nimic frumos în viață, deși au totul.

Are ea dreptul să fie în depresie? Are. Oricine ar spune că are.

Dar, pur și simplu, n-are timp de depresie. Pentru că, în lumea ei, clipa contează. Și asta m-a făcut să mă întreb: câți oameni, îndreptățiți cu adevărat să cadă, aleg totuși să meargă mai departe? Câți aleg să nu se lase pradă durerii, nu pentru că n-o simt, ci pentru că nu își pot permite să piardă timp cu ea?

Această fată este energică și emană un optimism colosal, unul care ar putea fi exemplu pentru toți cei care nu găsesc sensul vieții, dar ea îl găsește, chiar și așa, de pe marginea unei prăpăstii care o trage tot mai mult în jos. Mulți oameni, foarte mulți oameni sunt îndreptățiți să treacă prin acest pas al vieții: depresia, dar nu o fac pentru că nu au timp pentru asta. Viața este mult mai prețioasă.

Acesta este, de fapt, testul unei boli. Să reziști emoțional în fața ei, să nu te lamentezi, convingând-o că nu te poate învinge.

Nu e vina ta că simți durere. De fapt, nu e vina nimănui. Ești un om care are emoții. Și asta, oricât ar încerca lumea să o transforme în diagnostic, rămâne una dintre cele mai frumoase dovezi că ești viu.

Două feluri de a privi aceeași suferință

Nu e un proces „ori-ori"; e, de multe ori, „și-și".

Tabelul de mai jos te ajută să înțelegi unde te afli **azi** și ce instrumente au sens **acum**.

Dimensiune	**Modelul „boală cronică" (ex.: diabet)**	**Modelul „reașezare/ stare depresivă"**
Cauze	Predominant biologice, relativ stabile	Multiple: biologie + stres + pierdere + izolare + ritm
Marker(i)	Analize obiective (glicemie, HbA1c)	Fără marker unic: indicatori funcționali (somn, energie, relații)
Traiectorie	Stabilă, cu management pe viață	Variabilă: episoade, recurențe, remiterea posibilă
Rolul mediului	Important, dar secundar	Major: lumină, somn, mișcare, suport, sens
Intervenții	Tratament standardizat, doze precise	Paletă combinată: terapie, medicație (unde e cazul), stil de viață
Progres	Indicatorii clinici scad	Crește funcționalitatea și calitatea vieții
Atenție personală	Aderență la schemă	Co-autor al planului: ajustezi, testezi, revizuiești

Orice depresie își are propria poveste

Crezi că ești bolnav(ă)? Te cred. Și eu am fost la fel. Îmi purtam durerea de cap ca pe o povară pe care o simțeam mereu lângă mine, o însoțitoare nedorită care apărea în fiecare zi, în fiecare noapte, în fiecare dimineață în care deschideam ochii. Erau momente în care mă gândeam că nu mai am nimic în creier, că am devenit un gol ambulant, incapabil să mai nască vreo emoție sau vreun gând. Alteori, mă înfricoșam cu ideea că aș putea fi grav bolnavă, că o boală incurabilă se ascunde undeva în mine și așteaptă să mă distrugă. Și totuși, nu mă duceam la medic. Refuzam. Îmi era frică de rezultat, dar și de mine însămi. Îmi era teamă să dau nume durerii, pentru că, odată ce i-aș fi pus un nume, automat ar fi primit și putere.

Eram capabilă să-mi imaginez toate scenariile posibile și imposibile, îmi derulam în minte ipostaze chinuitoare, dar când trebuia să acționez, preferam să mă așez pe o bancă, să privesc cerul și să las impresia că durerea mea urcă acolo, printre nori. Natura era medicamentul meu. Din ea îmi luam serotonina, acolo îmi regăseam pentru câteva clipe un sens, un echilibru fragil, o liniște care nu mă trăda. Dar după câteva zile, totul se prăbușea la loc. Mă întorceam în aceeași cameră interioară întunecată, unde eram nulă, indiferentă, mediocră, prizonieră între disperare și speranță.

Orice depresie are o poveste. A mea nu a avut un nume, dar i-am văzut chipul. Mult timp am refuzat să-l privesc. Mă prefăceam că nu există, că nu are ce căuta în viața mea. Însă el era mereu acolo, ca o umbră care se așază la masă fără să fie invitată. Și când am obosit să mă mai prefac, am înțeles că nu puteam să scap de ea ignorând-o. Depresia mea avea voce, avea expresii, avea momente în care îmi șoptea, alteori urla. Avea, mai presus de toate, puterea de a-mi cere să o ascult.

Depresia mea are povestea ei, una pe care mult timp am negat-o, dar pe care, într-un fel paradoxal, am recunoscut-o ca pe ceva ce aș putea controla. Nu am vrut să fiu bolnavă niciodată, chiar dacă, de-a lungul vieții, o grămadă de boli și dureri m-au încercat.

Sunt convinsă că nici tu nu ai vrut. Dar te-ai gândit vreodată că boala naște boală? Că uneori nu boala în sine, ci frica de boală sapă cel mai adânc, până când diagnosticul devine mai greu de dus tocmai pentru că mintea noastră îi oferă putere?

Poate am fost inconștientă, poate am fost doar prea obosită, dar am spus mereu că depresia nu există pentru mine, deși era acolo, prezentă în fiecare gest al meu. Refuzam să-i dau acest nume, fiindcă simțeam că, dacă o fac, mă aliniez cu un aliat greșit, iar eu nu voiam un aliat, voiam să fiu mai puternică decât el.

Adevărul este că fiecare depresie are povestea ei. Nu seamănă una cu alta, așa cum nici oamenii nu seamănă între ei. Și totuși, există puncte comune, fire nevăzute care ne leagă, chiar dacă experiențele noastre nu se suprapun. Poate că nu te-ai regăsit în ce ți-am spus eu până acum și este firesc să fie așa. Poveștile noastre sunt diferite, felul în care am trăit întunericul nu e același, dar durerea pe care o lasă în suflet e universală. Din ea putem învăța unii de la alții, ne putem descoperi mai atenți, mai răbdători, mai plini de înțelegere. Pentru că depresia mea nu seamănă cu a ta, dar amândouă au aceeași menire: să ne facă să privim în oglinda sufletului și să nu mai fugim de cine suntem.

Și dacă nu ești bolnav, ci doar obosit?
Sau neînțeles?
Sau pregătit să începi o nouă etapă?

Poate că ceea ce simți acum nu e o boală în sensul clasic al cuvântului, ci un semn că trupul și mintea ta cer o pauză. În psihologie, vorbim despre burnout – acea epuizare emoțională și fizică ce apare atunci când, prea mult timp, ai dat mai mult decât ai primit. Nu înseamnă că ești defect, ci că ai funcționat pe pilot automat și ai uitat să te mai odihnești în propria ta viață.

Sau poate ești doar neînțeles. Mulți oameni care ajung în terapie spun, înainte de orice diagnostic, un singur lucru: „Nu mă simte nimeni. Nu mă vede nimeni.”. Absența recunoașterii doare uneori mai tare decât orice altă rană, pentru că nevoia de a fi înțeleși este fundamental umană. Daniel J. Siegel, medic și psihiatru, vorbește despre această nevoie de *a fi văzut și conținut* ca despre unul dintre pilonii sănătății emoționale. Fără ea, sufletul nostru se ofilește, iar depresia prinde rădăcini.

Sau, poate, ceea ce trăiești este chiar pragul unei noi etape. Mulți terapeuți consideră depresia nu doar o boală, ci și o „pauză forțată” pe care viața ne-o cere, un spațiu de tranziție. Psihanalistul Carl Gustav Jung spunea că depresia este „o doamnă în negru care bate la ușa ta”, iar dacă îi deschizi, îți aduce un mesaj esențial. Poate că nu ești în cădere, ci la începutul unei transformări. Indiferent ce nume i-ai da, să știi că nu e greșit ceea ce simți. Este profund uman. A te simți obosit(ă), singur(ă), pierdut(ă) sau gol(ă) nu te face slab(ă), ci viu(e).

Și eu am fost acolo. Și poate, în timp ce citești, te regăsești și tu. Îți spun asta nu ca un specialist care a citit zeci de manuale, ci ca un om care a trăit propria durere și a învățat din ea. Tu nu ești „bolnav(ă)”, ci ești un om care poartă în el urme firești ale luptei de a fi viu.

Dezechilibrul chimic: o ipoteză sau un diagnostic?

Mult timp ni s-a spus că depresia vine dintr-un dezechilibru chimic. Că undeva, într-o zonă greu de atins a creierului, există o lipsă de serotonină care poate fi completată. Ca un pahar gol ce trebuie umplut. Și, da, pentru o vreme unii au crezut asta, poate și tu. Poate pentru că era mai simplu să crezi că e ceva „stricat" decât să accepți că te-ai desprins de tine.

Așa cum am menționat anterior, Joanna Moncrieff, psihiatru și cercetătoare mi-a confirmat multe din trăirile pe care le simțisem, dar nu le știam numi: *The Myth of the Chemical Cure*. În carte, spune direct ceea ce mulți nu au avut curajul să spună — și anume că ipoteza dezechilibrului chimic nu este susținută de suficiente dovezi. Că niciodată nu s-a demonstrat clar că oamenii care suferă de depresie au un nivel scăzut de serotonină. Și că antidepresivele nu vindecă, ci doar modifică starea mentală — exact cum o face alcoolul, cafeaua sau un somnifer. Și atunci, dacă nu este un diagnostic, ci doar o teorie, de ce a fost transformată în etichetă? De ce ni se dă, ca răspuns la orice întrebare dureroasă, o rețetă? De ce să punem plasturi pe suflet când el strigă după altceva?

Când am trecut prin propria mea operație, când corpul mi-a fost deschis și reconstruit, durerea fizică era reală. Aveam hemoragie, chist rupt, viața pe muchie de cuțit. Atunci, da, știam: asta este boală. Asta necesită intervenție urgentă, sânge, anestezie, bisturiu.

Dar depresia? Cum o încadrezi? În ce fișă o pui? În ce coloană din buletinul de analize se măsoară absența sensului?

Tot mai multe studii recente — inclusiv unul realizat în 2022 de echipa coordonată tot de Moncrieff — au arătat că nu există dovezi clare pentru teoria serotoninei scăzute. Și că tratamentele psihotrope, în realitate, creează stări modificate, nu corectează un dezechilibru. Cu alte cuvinte: nu e ca atunci când ai fierul scăzut și iei supliment. E mai degrabă ca atunci când nu mai simți nimic și iei ceva care te face să nu mai simți nici durerea, nici absența sensului.

Nu neg că pentru unii oameni medicația poate fi un colac de salvare. Dar e important să nu ne oprim acolo. Să nu credem că un dezechilibru imaginar ne definește, sau că vindecarea vine doar dintr-o pilulă. Boala, așa cum am simțit-o eu, nu e lipsa serotoninei, ci lipsa unui loc în care să te simți întreg.

Depresia poate apărea din atâtea direcții: dintr-un doliu, dintr-o copilărie netrăită, dintr-o relație toxică, din lipsa de sens sau de iubire. Sau din toate acestea la un loc. Nu ai cum să tratezi o rană sufletească doar cu substanțe chimice. Trebuie să o înțelegi, să o asculți, să o simți. Să o lași să spună ce are de spus, chiar dacă doare și abia apoi, poate, vei ști cu adevărat ce ai de vindecat.

12 întrebări utile pentru medic/terapeut (mic ghid de consult)

Susțin vizita la terapeut și te îndrum și pe tine să o faci. Este cel mai bun lucru pe care îl poți face pentru tine, indiferent de starea în care te afli. Și, atunci când te duci, du cu tine lista aceasta și pune întrebări care te ajută să te luminezi. Conexiunea cu terapeutul este foarte importantă. Să simți că face parte din același cerc cu tine.

Cum înțelegeți dumneavoastră sursa suferinței mele? (biologică, psihologică, socială — în ce proporții?)

Ce opțiuni am și care sunt beneficiile/riscurile fiecăreia?

Dacă recomandă medicație: care e obiectivul, doza, durata minimă și criteriile clare de evaluare a răspunsului?

Ce efecte secundare pot apărea și cum le monitorizăm?

Cum combinăm tratamentul cu terapie și schimbări de ritm?

Ce pot urmări eu, acasă, ca indicatori de progres (somn, energie, funcționalitate, plăcere)?

Ce facem dacă nu răspund bine în 4–6 săptămâni? (plan B)

Cum mă pot pregăti pentru întrerupere (dacă va fi cazul), ca să evit sevrajul/disconfortul?

Când e cazul să implic un membru al familiei sau pe cineva de încredere?

Ce resurse îmi recomandați (grupuri, ghiduri, aplicații utile) și ce nu are sens în cazul meu?

Cum lucrăm cu gândurile negre: ce instrumente concrete exersăm între ședințe?

Ce semne ar indica faptul că trebuie să ajustăm urgent planul?

E viața ta, ai dreptul la claritate!

Panoramă de voci — literatură și clinică

Înainte să te lași prins(ă) de tabere, îți propun să privim două galaxii diferite care au vorbit mult despre suferință: **scriitorii/marii artiști** și **psihiatrii/terapeuții.** Le aduc aici ca pe niște lentile, nu ca verdicte. Îți pot lărgi întrebările și îți pot da curajul să-ți negociezi propriul drum, împreună cu specialistul tău.

Ce au spus scriitorii și marii artiști despre depresie:

Emil Cioran a fost poate cea mai radicală voce a lucidității. A trăit cu disperarea la masa lui zilnică și nu a numit-o boală, ci claritate dureroasă. Sinuciderea apare la el ca opțiune filozofică, nu ca urgență clinică; pentru Cioran, „mintea lucidă" plătește tributul unei nefericiri persistente.

Albert Camus, în *Mitul lui Sisif*, a deschis întrebarea despre sens. Nu a tratat depresia ca pe o patologie, ci ca pe o reacție omenească la absurd. Concluzia-lampă rămâne: „Trebuie să ni-l imaginăm pe Sisif fericit.".

Virginia Woolf a numit starea ei „valul negru" care acoperă totul. A scris despre limite și a refuzat internări forțate; sfârșitul ei e o rană deschisă în cultura noastră. Lectura ei cere blândețe și pauze când te apasă.

Sylvia Plath a descris depresia ca un „clopot de sticlă”: aer puțin, sunet distorsionat. Scrisul a fost uneori terapie, alteori scut. Nu a avut încredere în soluții standard.

Hermann Hesse a văzut conflictul dintre „sinele social” și „sinele autentic” ca pe o sursă de suferință. Vindecarea, pentru el, n-a fost în farmacologie, ci în introspecție și artă.

Octavian Paler a scris despre singurătate ca despre o stare cu două fețe: „viu și mort deopotrivă”. Melancolia, în viziunea lui, e uneori cunoaștere, nu defecțiune.

Ce putem lua util de aici: cuvintele marilor autori pot valida trăirea fără s-o patologizeze. Dar *nu sunt prescripții.* Dacă te împing în jos, ia o pauză și revino la **nota de siguranță** din Capitolul 1.

Ce spun psihiatrii și terapeuții internaționali:

Joanna Moncrieff (psihiatru) așa cum am aflat și în paginile anterioare critică teoria „dezechilibrului chimic” și vede antidepresivele ca substanțe care modifică starea, nu ca „tratamente care repară” o cauză unică. Pentru ea, depresia este adesea răspuns la suferință și pierdere.

Irving Kirsch (Harvard) a publicat meta-analize care sugerează că, pentru multe cazuri, diferența dintre antidepresive și placebo este modestă. Mesajul lui:

prudență și informare completă.

Robert Whitaker (jurnalist științific) argumentează în *Anatomy of an Epidemic* că sistemele noastre au produs, neintenționat, mai multă cronicizare; cere o reevaluare a dependenței de farmacologie singură.

Peter Gøtzsche (Cochrane) susține că datele despre antidepresive au fost uneori prezentate selectiv și avertizează asupra riscurilor. Perspectivă controversată, dar utilă pentru întrebări incomode.

Thomas Szasz a afirmat că multe suferințe emoționale sunt reacții la o viață trăită contra firii, nu „boli" în sens strict. Viziune polarizantă, care cere nuanțe.

David Healy a documentat discuții despre riscurile unor SSRI, pledând pentru informare clară și monitorizare atentă.

Ronald Pies (Psychiatric Times) a subliniat ulterior că „dezechilibrul chimic al serotoninei" a funcționat mai degrabă ca **metaforă populară**, nu ca fapt demonstrat, și a chemat la un model mai nuanțat.

Ce putem lua util de aici: întreabă, cere criterii clare de evaluare, discută beneficiile/riscurile și combină abordările. Nicio școală nu deține întregul adevăr, dar fiecare îți poate oferi o piesă din puzzle.

Încheierea interludiului

Reține! Aceste voci nu-ți dau un verdict, ci îți pot oferi acel spațiu de gândire de care ai nevoie. Și eu, la rândul meu, am puricat întreaga societate pentru a-mi oferi acel sens din non-sens despre care îți povesteam. Ia de la ele curajul să-ți formulezi întrebările, să-ți alegi aliații și să-ți ajustezi ruta. Dacă paragrafele de mai sus ți-au stârnit neliniște, respiră, bea un pahar cu apă și revino la Protocolul 15 minute din Capitolul 1, apoi continuă de aici, cu pași mici. Sunt lângă tine!

Mit vs. Realitate (pentru liniștire rapidă)

Mit: „Depresia e doar chimie stricată."
Realitate: biologia contează, dar contextul (somn, lumină, pierdere, relații, sens) modelează mult starea.
Mit: „Dacă iau pastila, se rezolvă tot."
Realitate: pentru unii e o ancoră utilă, dar nu înlocuiește relațiile, sensul și ritmul.
Mit: „Dacă am primit eticheta, așa sunt eu."
Realitate: e un moment din povestea ta, nu titlul cărții tale.
Mit: „Ar trebui să pot singur(ă)."
Realitate: oamenii se reglează împreună; sprijinul este instrument, nu slăbiciune.

Mit: „Dacă nu fac tot protocolul perfect, nu are rost."
Realitate: două lucruri mici făcute constant bat zece perfecte, o singură dată.

Capitolul 4

Hemoragie de tristețe

Au fost zile când nu îmi doream să mă dau jos din pat. Iar dacă mă ridicam, mă mutam pe scaunul unde scriam. Era un balansoar, cu o măsuță mică, albă, lângă el, și era poziționat chiar în fața geamului. Acolo stăteam, în față cu laptopul, fără să fac sau să spun nimic. Simțeam că nu aparțin nimănui și aveam o durere constantă de cap. Durerea îmi înfunda, cumva, creierul, mă determina să fiu apatică și permanent într-o stare de nervozitate. În alte zile îmi spuneam: „Mă simt odios, vreau să fac ceva.". Mă îmbrăcam și plecam la sală, sau mă plimbam singură. Orășelul în care locuiam nu mă mulțumea deloc. Nu îi aparțineam, dar aparțineam unei stări care mă secătuia de putere. Purtam după mine o durere lăuntrică pe care o mascam cu ușurință în fața celorlalți. Uneori mă dureau gingiile, simțeam cum îmi încleștez dinții și asta îmi provoca tristețe. De fapt, totul o provoca. Seara savuram primul pahar de vin, apoi următorul și următorul. Pansam cu alcoolul tristețea mea hemoragică, dar fără rezultat. Devenisem o stafie a societății. Mă simțeam nefolositoare, mediocră, urâtă, slabă, nesemnificativă. Hemoragia devenise extremă, iar decesul ego-ului meu era aproape. Nu aveam o viață urâtă, dar mediul nu mă mulțumea. Nu mai suportam multe – nici măcar pe mine. Forțam, de multe ori, starea naturală a „prietenei mele, depresia" și evadam. Am reușit de câteva ori să mă prefac că este absentă și să conștientizez frumosul din jurul meu. În acele momente de beatitudine îmi doream să fug. Să evadez din căsătoria mea fictivă. Ani mai târziu, am evadat. Când am simțit că viața are și alte culori decât cele pe care le cunoșteam, am spus: „La revedere!" căsătoriei mele și am plecat. Am părăsit lumea aceea pentru alta care nu știam ce-mi va aduce, dar care îmi oferea o altă conjunctură.

Prietena mea, depresia, m-a urmărit ani la rând după ce am părăsit o bună parte din viața mea, mi-a fost alături, dar, din ce în ce mai des, mă obișnuisem să nu o mai observ. Activitățile îmi erau multiple. Lucram pentru o editură prestigioasă. Mă îndrăgostisem, nu doar de un om, ci de viață și de mine. Devenisem frumoasă și, în fiecare dimineață, cafeaua avea alt gust. Începusem să meditez, să fiu prezentă în propria mea minte și să-mi accept corpul. Defilam prin viață cu o eleganță pe care nu o cunoscusem niciodată. Mai intervenea, din când în când, prietena vicleană, să-mi spună că nu arăt prea bine în acea zi. O ascultam și mă aranjam dinadins. Dispărea când făceam totul împotriva ei. Se enerva, îmi trântea ușa în nas și mă părăsea. I-am permis. Deși, ca orice partener toxic, se mai întorcea.

„Pleacă!" i-am zis într-o zi.

„Să plec? Dar ți-am fost alături atâția ani. Acum mă alungi?"

„Da! Te alung. Vreau să ne despărțim definitiv. Îți mulțumesc pentru lecția învățată. Mi-ai fost de ajuns. Te eliberez!"

De atunci, a plecat. O veche prietenie toxică s-a epuizat în întuneric și dusă a fost.

Eu nu am suferit niciodată de această boală a societății. Nu am suferit pentru că nu am vrut să o accept. Nici pentru mine, nici pentru alți oameni. Deși durerea lăuntrică mi-a blocat, de multe ori, capacitatea de a exista pe deplin, ideea acestei hemoragii de tristețe am purtat-o cu mine ani la rând, ca parte a existenței. A fost nevoie de ea: de tristețe, de prietenii toxice, de prietena mea, depresia. De neînțeles și dureri de cap. A fost nevoie să-mi văd și această latură a existenței mele, pentru că doar așa am reușit să scap de ea. Să o elimin complet și să nu mă mai complac niciodată în dureri care nu îmi aparțin.

Studiile ar spune că ceea ce am trăit eu se numește depresie funcțională sau distimie – o formă cronică de depresie, de intensitate mai scăzută decât episoadele majore, dar cu durată mai lungă de doi ani. Afectează adesea femeile cu un grad mare de responsabilitate, dar și adolescenții care își reprimă trăirile și nu-și găsesc locul în lume.

Am contestat acest diagnostic, așa cum îmi contest și anxietățile. Întotdeauna folosesc comparații care să mă îndepărteze de boli, de etichete, de diagnostice și analize prost ieșite.

Se folosește foarte des, în ultimii ani, termenul de „depresie". Orice supărare devine depresie. Cumulul de factori interni sau externi pe care nu-i putem controla – devine depresie. Ploaia, vântul, ninsoarea – devin depresie.

Mulți oameni au început să folosească acest cuvânt ca pe o scuză: „Sunt în depresie", fără să fie conștienți cât de mult poate afecta această afirmație activitatea normală a creierului. Este o comandă. Una negativă, pe care o dai direct minții. Rostind acest cuvânt, creierul o preia. Și te va duce, subtil, exact în starea pe care ai afirmat-o. Fără să știi, ai provocat o hemoragie de tristețe. Una care, în timp, poate ucide. Îți omoară simțurile, iubirea, plăcerea de a fi cu tine.

„Sunt în depresie!"

Nu e o frază care să te salveze. Din contră. E o frază care te poate îneca în propriul ocean de durere. Nu vei găsi colac de salvare prea curând, pentru că de tristețea ta nu este responsabil nimeni – doar tu.

În schimb, poți spune: prietena mea, așa cum eu am considerat-o. Îi poți da un nume de fruct și să-l savurezi în fiecare zi. Sau un nume de mare, dacă iubești marea. Sau de munte, dacă iubești muntele. Camuflează ideea de rău în bine. Întotdeauna. Așa vei primi ceea ce comanzi – dacă nu îți place, te vei obișnui până la urmă cu gustul și, în final, vei descoperi ce beneficii aduce.

Studiile științifice recente, inclusiv cele publicate de National Institute of Mental Health din SUA și Organizația Mondială a Sănătății, arată că depresia nu are o singură formă. Poartă multe fețe, unele recunoscute oficial, altele ignorate de medici, dar simțite intens de minte. Există depresie funcțională (sau distimie), depresie atipică, depresie sezonieră, depresie post-partum, depresie psihotică, depresie bipolară, depresia ca reacție la un eveniment traumatic, depresie somatizată, depresie mascată în agresivitate, depresie „zâmbitoare" – când lumea nu bănuiește nimic, dar în interior are loc o hemoragie emoțională. Sunt multe fețe și fiecare vine cu altă mască, alt ton al durerii, alt limbaj al corpului.

Știința încearcă să le cartografieze, să le înțeleagă, să le clasifice. Și bine face! Pentru că orice efort de a înțelege ce se întâmplă în mintea unui om trebuie aplaudat. Sunt psihologi, psihiatri, terapeuți, cercetători care își dedică viața acestor investigații, în speranța că vor găsi soluții. Le sunt recunoscătoare, dar eu vin cu o altă salvare. Una simplă și atât de utilă: **Emoția pozitivă.** Și nu vorbesc despre optimismul forțat, ci despre alegerea conștientă de a privi spre lumină, chiar și când totul pare întunecat. Despre a-ți spune: „Astăzi am văzut un copac superb." sau: „Azi am respirat și a fost bine.". Este o salvare subtilă, dar puternică. Pentru că emoția pozitivă schimbă biochimia corpului, reduce cortizolul, stimulează serotonina, îți dă chef de viață. Și poate fi antrenată ca un mușchi emoțional. Totul poate fi antrenat în corpul nostru, inclusiv creierul.

Nu neg știința. O respect, dar cred în puterea de a te ridica și singur, în fiecare dimineață, chiar și când simți că totul doare. Cred în iubirea de sine ca medicament și mai cred că prietena mea, depresia, nu a fost un dușman, ci doar un mesager care mi-a spus: „Întoarce-te la tine.".

Exercițiu ghidat: Borcanul cu minuni

Creează-ți un borcan al minunilor. Nu trebuie să fie ceva sofisticat – un borcan gol de dulceață, o cutie de carton sau chiar un plic frumos colorat. Important este ce pui în el. În fiecare dimineață, fă un gest de iubire pentru tine. Ia câteva bilețele albe. Nu mai mult de 3–5 pe zi. Pe fiecare scrie o frază care te aduce înapoi la tine. Important e să nu te grăbești. Trăiește cu tot corpul fiecare afirmație, apoi aruncă-le în borcan:

Eu sunt minunat(ă).
Eu sunt benefic(ă) lumii din jur.
Eu sunt util(ă).
Eu sunt capabil(ă) să mă vindec.
Eu am voie să mă bucur.
Eu sunt mai mult decât durerea mea.
Eu merit iubire.
Eu sunt iubit(ă).
Eu sunt ales(ă).
Eu îmi aparțin.
Eu sunt un suflet care crește, nu o etichetă.
Eu pot crea frumusețe, chiar și din ruine.
Eu sunt viu(e), deci încă este timp.
Eu pot să obțin cu ușurință tot ce îmi doresc.

Permite acestor afirmații să intre în sânge, poartă-le cu tine peste zi sau fă-le o poză și pune-o fundal pe telefon.

Acest exercițiu nu este despre magie, ci despre **reprogramare**. Mintea ta are nevoie de o nouă realitate, una în care tu nu ești defect, ci în proces de reconstrucție. Cuvintele sunt semințe și dacă le uzi în fiecare zi, vor înflori.

Și poate, într-o zi, nici nu vei mai avea nevoie de borcan. Tu vei fi borcanul plin de minuni.

Când corpul obosește să se prefacă

Stop! E momentul să îți îndrepți atenția către tine. Da, da, către tine, nu către mine. Eu vreau doar să discutăm ca și cum mi-ai fi cel mai apropiat prieten. Și, sinceri să fim, chiar îmi ești. Avem în comun stări prin care am trecut împreună și e normal să ne înțelegem, să empatizăm, să discutăm, apoi să dăm uitării. Spune-mi ce simți astăzi. Știu ce ai să zici: „nu simt nimic, n-am chef de nimic, vreau să stau în casă, lumea din jurul meu mă plictisește". Te cred profund, dar nu pot accepta asta. Lasă, uită de antidepresivele alea, de telefon sau de TV și focusează-te la mine.

Știu, e posibil ca, uneori, aceste cuvinte să se piardă în mintea ta. Să nu te poți concentra, să îți fie greu, dar îți promit, după prima pagină citită totul ți se va părea foarte ușor. Și, să fim sinceri, deja ești cu mine aici de ceva timp și, doar cu mici scăpări, am reușit, poate, să te pierd. În rest, mi-am dat tot interesul să mențin o conversație fructuoasă cu tine.

Spune-mi, haide: Există vreun motiv pentru care te simți abătut astăzi? Ce s-a întâmplat cu viața ta în ultima vreme? Te doare ceva și, dacă da, unde anume?

Nu vrei să vorbești despre asta? Te înțeleg. E firesc să nu vorbești despre viața ta atât de ușor, dar hai să îți spun un secret. Nu va ști nimeni, chiar nimeni nu o să afle ce răspunsuri vei da. Ce îmi vei spune mie aici, pentru că hai să fim serioși, sunt doar o simplă carte, va rămâne în mintea ta. Eu doar te ajut să îți aliniezi gândurile și nevrozele, ca mai apoi să reușești să mergi în linie dreaptă.

Hai, ești pregătit?

Nu? Te înțeleg, dar spune-mi totuși, ce ți-ar plăcea să mănânci astăzi? O pizza diavoli cu blat subțire, ușor crocant și destul de picantă încât să îți amorțească din simțuri? Foarte bună alegere. Îmi dai și mie o felie? Hai să o mâncăm amândoi. Poate îmi mai amorțesc și mie copertele astea greoaie. Comandă! Și vreau extra sos pentru mine.

E gustoasă? Mă bucur, de cine îți aduce aminte? În ce conjuncturi ai mâncat ultima dată această pizza și ți-a plăcut? Cu un prieten? Și te-ai simțit bine?

Sunt convinsă. Acea stare de atunci ți-a adus mulțumire de sine, te-a făcut să te simți complet? Cu siguranță! Prieteniile vechi întotdeauna scot la suprafață copilul.

Dar, astăzi? Ce ai face dacă acel prieten ar fi lângă tine? Ți-ar schimba starea? Cu siguranță, nu-i așa? Ei bine, imaginează-ți că ești alături de el și povestește-i, hai, de ce te simți abătut astăzi? Te doare ceva? Ce se întâmplă cu tine în ultima vreme?

Ești posomorât pentru că nu mai vezi sensul vieții. Jobul, deși ești apreciat, te epuizează. Locul în care stai nu te mai mulțumește, deși locuiești într-un apartament foarte scump. Partenera ta, deși e minunată, nici ea nu te mai mulțumește. Te simți obosit constant și evadările de propria realitate îți aduc un fel de mulțumire, dar nu constantă, ci de moment. Ai plânge uneori, dar ești bărbat, iar tu ai fost învățat să nu plângi, pentru că, nu-i așa, bărbații trebuie să fie puternici.

Durerea nu are gen. Nici lacrimile nu știu să distingă între femeie sau bărbat. Ele curg pentru suflet, nu pentru etichete.

Te compari foarte des cu alții și nu mai ești conștient de atuurile tale. Ești pierdut în cercuri închise din care nu mai știi cum să ieși, te prefaci că ești bine, deși simți că nu ești nimic.

Atât? Doar atât?

Nu, știu că nu e tot. Mai e și senzația aceea de neputință fără cauză. Ești obosit chiar și după ce ai dormit 10 ore. Te ridici greu din pat și uneori îți vine să te pui înapoi doar după ce ai făcut primul pas spre baie. Ți-e greu să răspunzi la mesaje, deși ai deschis conversația de zece ori. O simplă întrebare – „Cum ești?” – te înfundă și mai adânc în starea aia de care nu știi cum să mai scapi. Ți-e frig uneori, fără motiv. Sau ți-e cald, dar nu ai chef să deschizi geamul. Ți se pare că toți vor ceva de la tine, dar tu nu mai ai nimic de oferit. Ai impresia că nimeni nu te vede cu adevărat. Că dacă ai dispărea, lumea și-ar continua perfect treaba. Ți-ai dori ca cineva să îți spună „stai jos, nu e nevoie să fii puternic azi", dar nimeni nu o face. Și atunci continui, te ridici, te speli pe dinți, îți faci cafeaua, îți deschizi mail-ul. Nimic nu pare real.

E ca și cum ai merge pe fundul unei piscine fără apă, și fiecare pas te doare.

Îți vin idei, dar le abandonezi. Ai vrea să ieși, dar nu ai chef să te îmbraci. Vrei să fii înconjurat de oameni, dar nu poți suporta conversațiile superficiale. Te enervează ușor zgomotele, telefonul, râsul celor din jur, nevoia altora de a părea fericiți. Simți că ești în afara vieții. Nu ești nici aici, nici acolo. Te uiți la seriale în buclă ca să nu te mai gândești. Sau bei ceva, doar ca să mai taci un pic cu tine. Și apoi vine seara și somnul, dacă vine, e greu. Visezi ciudat sau nu visezi deloc. Te trezești iar și o iei de la capăt cu prefăcătoria, zâmbetul de formă. Cu „sunt bine", deși totul în tine țipă că nu ești.

Da, dragul meu prieten, astea sunt stările tale. Nu le mai nega, nu le mai înfrumuseța cu filtre, nu le mai minimaliza. Privește-le în ochi. Le recunoști? Atunci te rog, rămâi aici cu mine. Îți promit că nu te las singur.

Respiră, inspiră, închide ochii și mulțumește Universului sau lui Dumnezeu pentru pizza. A fost delicioasă, știu, mai ales că ai savurat-o alături de un prieten. Acum privește în tine. Trăiește acea bucurie de a fi cu prietenul tău chiar acum și multiplic-o. Da, o simți cu totul în stomac, gât, ochi, brațe. E ca o îmbrățișare care îți dă fiori. Las-o acolo, las-o mult, fii cu ea pentru totdeauna și, poate, chiar ar fi bine să-l suni cu adevărat și să mai vorbești cu el. Să vă aduceți aminte de copilărie. De timpul în care vă jucați împreună din orice. De perioada în care nu se auzea de depresie, sau de epuizare, sau de stres. Existau momente de tristețe, care erau repede tratate cu prieteni, cu natură, cu fructele din curtea bunicii, cu negresa făcută de mama. Da! Trăiește acea bucurie și hrănește-te din ea înzecit.

Corpul e cel care te trădează ultimul. Când nici el nu mai poate susține zâmbetul, atunci știi că e timpul să te întorci acasă, la tine. Nu permite unui „diagnostic" străin să-ți mobilizeze cu voie, fără date clare, corpul. Nu da voie să îți strice, rând pe rând, fiecare organ în parte. Poate acum nu conștientizezi, dar această „dragă prietenă" va distruge totul din tine. Și a început cu emoția, îi permiți să termine cu boala?

Familia, traumele moștenite, copilăria nevindecată

Sufletul unui om sunt reprezentate de copilăria și familia în care a crescut. Dacă acestea două nu au existat sau nu mai există, dacă trecutul este o veșnică barieră care blochează evoluția, atunci sufletul stagnează, rămâne închis într-o temniță a tăcerii. Ar avea multe de spus, dar nu poate și, mai ales, nu are cui. De durut, îl doare, își dorește o viață normală, să evadeze, să umple preaplinul omenesc, dar trecutul nu îi permite asta.

Am scris o carte despre traumele moștenite și despre cât de importante sunt răspunsurile unui trecut brutal. Că, de cele mai multe ori, veșnicele probleme de care ne izbim – anxietate, stări inexplicabile, tristețe – poartă un lanț invizibil al trecutului care s-a plimbat de-a lungul vieții prin războaie, accidente, perioade grele, foamete, pandemii. Iar acestea merg mai departe, se transmit din generație în generație, pentru că nimeni nu a știut să rupă lanțul durerilor. Odată cu scrierea cărții *„Trecutul moștenit nu este prezent, vindecă-te”*, m-am vindecat și eu, dorindu-mi să-i determin și pe alții să o facă. Mulți ar fi zis: „Nu are sens!”. În carte am demonstrat cât de important este sensul vieții și lanțul invizibil de care ne ținem, zi de zi, pentru a supraviețui.

Depresia – această boală a secolului care se acutizează – poate fi, uneori, și rezultatul unui trecut tumultuos. Are rădăcini pe care bunicii, străbunicii, stră-străbunicii le-au paralizat în sine și, apoi, fără voia lor, le-au trimis mai departe. Au lăsat drept moștenire, pe lângă alte frumuseți, și dureri care nu au explicație, dar care pot fi numite depresie. Poate fi, dar nu e chiar depresie, ci un răspuns al sufletului tău captiv.

Ce este o traumă nevindecată sau o traumă moștenită?

Trauma este o rană care schimbă modul în care percepem lumea, pe ceilalți și pe noi înșine. Este o memorie care nu se poate organiza ca o poveste coerentă și care, în loc să se închidă ca o rană vindecată, rămâne deschisă, reacționând involuntar la orice atingere a amintirii.

Trauma moștenită sau transgenerațională nu este despre ce ai trăit tu, ci despre ce au trăit alții înaintea ta. Se transmite tacit prin gesturi, prin emoții, prin felul în care suntem crescuți. Uneori, simți o frică fără nume, o rușine care nu știi de unde vine, o furie pe care nu o înțelegi. Și atunci, e posibil să nu fie doar a ta.

Copilăria, traumele nevindecate din acea perioadă și traumele moștenite sunt răni care te vor durea la orice atingere.

Care ar putea fi rezolvarea? Conștientizarea lor. Dar, cu siguranță, singur nu poți face asta. Există mai multe variante. Prima este cea de vindecare sine cu sine. Trăim, din fericire, într-o societate care ne pune totul, absolut totul, la dispoziție. Sunt platforme, rețele de socializare, cărți, tratate, documente, site-uri, articole care ghidează spre vindecare. Bineînțeles, toate acestea trebuie rulate cu maximă atenție, alese cu grijă și, mai ales, potrivite pentru propria rană. Este de ajuns doar să conștientizezi ce se întâmplă cu tine și apoi să faci demersuri care să dezinfecteze rănile.

Apoi, urmează tratamentele – cărora, desigur, le poți rezista sau nu. Pentru că, recunosc, unele sunt chinuitoare. Durerea sperie și imobilizează. În acest caz, urmează a doua variantă: tratarea lor alături de specialiști care implică terapii precum EMDR (pentru traume - o terapie care folosește mișcări oculare sau stimulare bilaterală pentru a reprocesa amintiri traumatice și a reduce disconfortul emoțional), constelații familiale, terapia centrată pe compasiune, psihoterapia somatică, psihoterapia psihodinamică, terapia IFS (un model psihoterapeutic care lucrează cu „părți" ale sinelui (critici, protectori, vulnerabili) pentru a restabili echilibrul interior), terapia integrativă sau terapia cognitiv-comportamentală, în funcție de nevoia specifică a fiecăruia.

O a treia variantă – și adesea cea mai blândă – este cea a reconectării prin: meditație, yoga, mers conștient, respirație conștientă, sport, artă, spiritualitate și echilibru cu sinele. Dar pentru a accesa cu ușurință această variantă, e nevoie de curajul conștientizării. Să înțelegi că problemele existente – și cele din viitor – vor persista și chiar te pot defini, dacă nu sunt recunoscute și privite cu sinceritate.

Vindecarea presupune siguranță, reconectare și stabilitate în corp, relații și emoții. Nu poți „vorbi trauma" până nu „îți asculți corpul".

Cum vindecăm aceste traume? Sigur te întrebi.

Creează un nou sens. Unul care te definește, unul pe care îl simți cu totul în tine, care îți strigă numele, care nu mai creează frici și nesiguranțe. Știu că nu e ușor. Normal. Am trecut și eu, la fel ca tine, prin sumedenie de încercări, deși nu pare. Mi-am negat de multe ori existența și menirea, pentru că ceea ce trăia în mine nu mă mulțumea. Voiam mai mult pentru că eram acaparată de gândul: „Nu sunt de ajuns. Nimic din ce fac nu e bine.". Da, am fost și eu acolo, până când furia s-a transformat în dorință. Chiar dacă „draga mea depresie" a dispărut, asta nu înseamnă că vindecarea despărțirii nu a fost grea. Fiecare despărțire doare al naibii de tare. Iar despărțirea mea de ceea ce tu numești depresie, iar eu – prietenă, a fost exact așa cum îți imaginezi. M-am trezit într-un loc care nu îmi aparținea. Ca și cum m-aș fi teleportat într-o altă dimensiune, dar, cumva, am luat cu mine tot trecutul. Deși simțeam libertatea, ea nu era totală. Cineva, în singurătate, îmi veghea în permanență existența.

Ai simțit și tu, nu-i așa? Că cineva, și nu știi cine, stă lângă tine pe canapea. Pare înfricoșător, știu, dar nu e.

Cine stă lângă tine? Surpriză. E trecutul tău care se vrea vindecat. Știu, ai să zici: „El mai lipsea acum." Dar nu te panica. Acest trecut aduce cu el și tristeți, dar și bucurii. De data aceasta, e acel prieten vechi care a venit în vizită la tine să mâncați pizza împreună. Da, da, cel de sus! El e trecutul tău.

Acum, vindecă-l! Conștientizează cu ce te-a rănit. Adu-ți aminte despre cum te simțeai: bucurii, extaz, dar și acele perioade în care ieșeai pe afară înverșunat că părinții tăi se ceartă. Sau acele perioade în care părinții tăi nu vorbeau, iar tu te simțeai vinovat pentru asta. Ține prietenul lângă tine. Știu că îți va fi mai ușor așa. Dacă vrei, chiar de mână, și călătorește cu el în tot spațiul copilăriei tale. Da!

Mergi acolo, în locul în care părinții te-au certat pentru că ai făcut o boroboață. Mergi în locul în care bunicul tău are o rană din război și medicii nu știu să o vindece, pentru că timpul nu permitea asta. Simte toate acele dureri și, dacă simți nevoia, plângi. E în regulă. După ce mergi prin toate locurile în care te-ai simțit prea mic pentru lumea mare în care creșteai, conștientizează în tine durerea lor. Apoi, spune-i prietenului tău – trecutul – următoarele:

Exercițiu: Spune-i prietenului tău, trecutul

„Îți mulțumesc pentru prezența ta în viața mea. Ești un adevărat prieten care m-a învățat să nu mai fug de mine. M-ai forțat să mă văd așa cum sunt: rănită, furioasă, dar vie. M-ai ținut în întuneric până am descoperit lumina din mine. Și pentru asta îți mulțumesc. Acum știu că nu mai e nevoie să te alung, ci doar să te înțeleg."

Scrie și tu ce ai simțit, ce ai aflat despre tine, ce îți dorești să lași în urmă și ce ai vrea să păstrezi. Trecutul nu dispare. Dar poate fi îmbrățișat, privit cu ochi blânzi, așezat în locul potrivit.

Prietenul din copilărie nu pleacă niciodată. Rămâne acolo, în colțul cel mai viu al sufletului tău. Doar că, e bine să vindecăm tot ce a fost viclean – toate spaimele, tăcerile, confuziile – și să păstrăm tot ce e naiv: jocul, curiozitatea, mirarea, râsul fără motiv. Pentru ca viața să aibă din nou culoare, iar sufletul tău — libertate.

Povestea unei depresii pierdute

— Pleci? Pleacă, e mai bine așa!

Ana are treizeci și ceva de ani, un job cu deadline-uri care se multiplică și talentul rău-famat de a fi de folos tuturor. Într-un an a pierdut două prietenii, un bunic și liniștea somnului. N-a numit nimic „doliu", a strâns din dinți și a mers mai departe. La început a încetat să mai gătească, apoi să mai iasă, apoi să mai sune. Și-a făcut un cuib pe canapea, cu o pătură și cu telefonul. Într-o dimineață, cafeaua nu a mai avut gust și a simțit că se îngreunează aerul; s-a speriat, și-a spus că e lene, a deschis laptopul și s-a înecat în e-mailuri. Seara, când cineva drag a întrebat-o „Cum ești?", a răspuns „Sunt bine", dar înăuntru s-a auzit un ghemotoc care spunea „Ajută-mă".

După câteva săptămâni de „bine", Ana a făcut ceva mic: a sunat o prietenă și a rostit, fără explicații, „Nu mai pot". A plâns două minute fără să fie întreruptă. Apoi a ieșit din casă și a mers douăsprezece minute până la primul copac mare din cartier, l-a atins și s-a întors. Seara a scris cinci rânduri: „Unde mă doare? Ce am nevoie? Ce e la îndemână? Ce fac acum? Cu cine vorbesc mâine?". Nu a fost miracol, a fost început. În următoarele zile a dormit cu o jumătate de oră mai devreme, a pus două pahare cu apă pe masă, a stabilit cu șefa un ritm mai clar pe proiect și a reluat câte o întâlnire scurtă cu câte un om sigur. După o lună, nu era „vindecată", dar simțea din nou pământul sub picioare. Știa să spună „nu" cu o voce care nu se mai scutura. Și-a dat voie să plângă pentru ce pierduse. A cerut ajutor specializat când gândurile s-au înnegrit și a învățat să-și citească semnele de întoarcere: aerisesc camera, îmi e foame dimineața, râd scurt, îmi vine să pun o floare în cana cu creionul.

A conștientizat din timp anomalia timpului ei care nu îi mai era deloc favorabil. A simțit că se schimbă dramatic și a acționat. I-a zis ferm: „Pleacă!" și a plecat.

Debrief practic

Ce a ajutat-o: adevărul rostit, mișcarea scurtă fără telefon, somnul în plus, o persoană-siguranță, clarificarea așteptărilor la job, scrisul în cinci rânduri, consultul la nevoie. Ce a încurcat-o: rușinea, scroll-ul târziu, perfecționismul, amânarea doliului. Harta Anei poate fi și a ta. Adu-ți aminte: nu sări peste reabilitarea emoțională cum nu sari peste încălzirea de dinaintea alergării.

Corpul nu știe să mintă

În capitolul anterior ți-am povestit despre realitatea unei boli și capcana în care se află corpul atunci când este cuprins de o durere urâtă. De cele mai multe ori, acele semnale mute din corp conduc, fără să ne dăm seama, spre o boală reală. Întotdeauna adevărata boală – nu cea emoțională, ci cea care îți pune viața în pericol – este rezultatul unui cumul: ani întregi de stare anxioasă, depresivă, supărări care nu s-au vindecat, decepții, emoții stagnate care nu și-au găsit drumul spre lumină. Toate acestea sapă tăcut înăuntru și, mai devreme sau mai târziu, primesc un nume medical.

Am simțit asta pe pielea mea. După mulți ani în care am fost condusă tacit de o prietenă falsă, corpul a decis să nu mai suporte și a refuzat să mai tacă. S-a răzbunat pe mine printr-o hemoragie internă, un semnal brutal că l-am chinuit prea mult. Atunci am înțeles că niciun gând, oricât de întunecat, nu doare la fel de tare ca un corp care explodează după ce l-ai forțat prea mult timp să mintă pentru tine. În cazul femeilor, povara este și mai grea, pentru că hormonii nu sunt doar responsabili de stările noastre emoționale, ci și de boli care se instalează pe nesimțite și par că se hrănesc din ceea ce noi n-am reușit să exprimăm.

Același lucru și în cazul fetei cu leucemie. Povestea ei era un amestec de tăcere și durere ascunsă, pentru că familia ei fusese absentă o bună parte din viață. Ea a învățat să trăiască cu o depresie funcțională – să zâmbească atunci când trebuia, să pară că e bine, să nu deranjeze. Și-a ascuns durerea atât de bine, încât aproape și-a convins sufletul că nu există. Dar corpul nu s-a lăsat păcălit. A strâns în el toată absența, toată suferința nerostită și, în loc să se vindece, a cedat. Leucemia nu i-a venit de nicăieri, ci ca un strigăt al corpului care nu mai putea să mintă. Corpul, da, nu știe să se prefacă. El ține minte tot ce noi refuzăm să spunem cu voce tare, tot ce am negat și tot ce am împins sub preșul conștiinței. Și, mai devreme sau mai târziu, vine ziua în care tace sufletul, dar vorbește corpul.

Acum, te opresc un moment... Fă câteva respirații și rămâi cu ceea ce simți, cu ceea ce corpul tău încearcă să-ți spună, chiar dacă nu l-ai ascultat încă. E o tăcere densă acolo, dar vorbele vin — atunci când îi dăm voie. Am studiat acum mult timp această latură, a vindecării organului care suferă prin meditație. Am citit că există practici vechi și totuși atât de actuale, din care oamenii au învățat să se conecteze cu organele lor bolnave — nu dintr-un ritual mistic, ci dintr-o dorință concretă de vindecare. Prin meditație ghidată, imaginație vindecătoare *(guided imagery)* sau practici precum yoga și mindfulness, oamenii își vizualizează organele vindecate, active, pline de viață. Cercetări recente confirmă eficiența acestor practici. De exemplu, un studiu a arătat că 8 săptămâni de mindfulness au redus semnificativ nivelurile de anxietate și au îmbunătățit starea emoțională la pacienți oncologici. Uneori, pacienții care au practicat vizualizări vindecătoare — cum ar fi să își imagineze celulele imunitare învingând tumori sau organele reparându se — au resimțit mai puțin stres, mai puțină depresie și chiar mai puțină durere în timpul tratamentului.

Nu admit că vizualizarea poate să vindece cancerul — comunitatea medicală avertizează mereu să nu folosim astfel de practici în locul tratamentelor dovedite — dar ceea ce pot face este să scurteze distanța între tine și corpul tău, să-ți aducă o putere interioară care îți potențează susținerea. Așa că, înainte de exercițiul următor, îți propun o deschidere: imaginează-ți un loc din trupul tău care a tăcut prea mult, care a strâns durerea și neînțelesul. Propria lui tăcere are nevoie de voce. Dacă nu știi cum arată, studiază puțin forma lui, ce caracteristici are și, mai ales, ce nevoi. Așa vei reuși mult mai ușor să creezi conexiunea și să vizualizezi vindecarea lui.

Exercițiu: Dialog cu organul care mă doare

Găsește un loc liniștit. Ia cu tine o foaie și un pix. Scrie în partea de sus: **„Dragă (stomac/piept/cap/spate...)..."**

Pune întrebarea care ar vrea să te întrebi cel mai mult:
„De ce mă doare aici?"
„Ce încerci să-mi spui?"
„Ce ai nevoie de la mine?"

Apoi așteaptă răspunsul. Lasă mâna să scrie, fără „filtru" — ca și cum organul ți-ar spune tot ce l-a strâns.
Stomacul: „Sunt flămând de emoții nepronunțate."
Pieptul: „Țin toate lacrimile pe care nu le-ai plâns."
Spatele: „Car greutăți care nu-ți aparțin, dar ți-au fost puse pe umeri."

Nu judeca ce apare. Evită „asta e exagerat" sau „poate nu e așa". Asta e tăcerea corpului care devine voce.

La final, recitește. Ce cuvânt sau frază te-a mișcat cel mai tare? Acolo e o ușă spre vindecare.

Harta durerilor tale

Corpul tău știe să vorbească și face asta de cele mai multe ori prin dureri care îți dau semne că ceva este nespus, netrăit, ascuns. Hai să explorăm împreună câteva dintre scenariile în care durerile fizice sunt, de fapt, emoții care nu și-au dat niciodată glas.

Loc în corp	**Emoții nespuse, ascunse sau reprimate**
Cap	Gânduri obsesive, prea multe „trebuie", îngrijorare permanentă.
Ceafă/Umăr	Greutăți emoționale, responsabilități impuse, incapacitate de a spune „nu".
Piept/inimă	Durere după pierdere, tristețe reprimată, sentiment de sufocare emoțională.
Stomac/ abdomen	Anxietate, frică, stres care se face „floare de colț" în burtă. Legătura intensă creier-intestin este prezentă în tulburările funcționale gastrointestinale.
Spate	Suportă poveri — emoții care copleșesc: neputință, presiune, durere nevăzută.
Brațe/mâini	Denotă incapacitatea de a îmbrățișa, de a primi, de a ajuta — dorință de conexiune blocată (interpretare metaforică, dar adesea evocată în psihosomatică).

Genunchi	Frică de schimbare, supunere în fața unor realități care nu mai servesc sufletul.
Picioare	Probleme în „a păși înainte”, blocaje emoționale care împiedică evoluția personală.
Ovare/ reproducere	Femeilor, dar nu numai — dureri legate de neîmplinire, conflict interior între dorințe și presiuni.
Ochii	Durere din neputința de a vedea adevărul propriu, lacrimi nescrise.
Cancer/ leucemie	Organele corpului răspund când durerea emoțională e boală tăcută — corpul nu mai tace. Exemple precum leucemia, cum am povestit, sunt tăceri exprimate.
Articulații (cot, genunchi, umeri)	Rigidități în emoții: incapabilitate de adaptare, stagnare în suferință.

Capitolul 5

Depresia și relația cu sinele – copilul rătăcit

Dialoguri interioare: „Nu mă mai suport!"

Știi ce am făcut eu într-un episod acut de depresie? Am dansat cu ea, chiar provocator, într-un ritm amețitor. Nu m-a privit de pe un scaun sau de pe canapea, așa cum ar face-o un bărbat atras de formele mele, ci a dansat cu mine. Nu m-a lăsat nicio secundă să mă pierd în nostalgia dansului. M-a ținut ba de umeri, ba de șolduri, ba și-a pus mâna pe capul meu cu nesimțire. Aveam durerea aceea de cap permanentă.

Mă aflam în vacanță, înconjurată de oameni veseli, în teorie prieteni, dar nimeni nu părea să atingă ce era în mine. O vacanță de care oricine s-ar fi bucurat, inclusiv eu – cea fără prieteni, dar nu reușeam să o fac. În interiorul meu era veșnic o nemulțumire, veșnic o durere fără nume. La fel ca în restul timpului, mascam, covârșitor, tot ce simțeam.

Nu mai suportam nimic din ceea ce trăiam, aveam, simțeam. O vacanță scumpă ar fi trebuit să mă mulțumească? Nu e musai – mai ales în momente de rătăcire intensă. Peisajele, deși extrem de frumoase, resortul – unul măgulitor – nu nășteau în mine niciun fel de reacție creativă. Nu mă îndemnau spre sine, ci mă simțeam ca într-o cameră luxoasă fără ferestre. O cameră din care nu puteam să ies. Și am continuat să dansez acolo, cu ea de mână, cu ideea că nu sunt văzută, iubită, acceptată. Cu durerea acută de cap și de corp. Cu toate nemulțumirile și fricile mele. Ne roteam până când amețeam amândouă, apoi o luam de la capăt. Nu eram prezentă nici în mine și nici în locul acela superb, ci într-un alt spațiu, care îmi crea un disconfort complet. Aș fi plecat acasă în orice moment, deși o mică parte din mine spunea: „Nu te vei mai întâlni cu acest loc niciodată.”. Nici nu îmi păsa. Aș fi vrut acasă, pe scaunul meu, cu tristețea mea, cu cărțile mele.

Dansul mă salva, din când în când, mă eschiva de mine – cea urâcioasă, prietenă cu depresia – și crea o legătură, oricât de firavă, cu femeia dorită, iubită, admirată. Când mă opream, se oprea și timpul. Punea stop existenței mele.

După șapte zile trăite într-o fericire falsă, m-am întors, cu tot cu durerea mea de cap, pe scaunul meu. Am înțepenit acolo zile la rând, reluând din când în când activitatea la sală. Simțeam o oarecare scârbă, confuzie, saturație. Era începutul ei. Începutul începutului.

După câteva zile, am plecat la părinții mei – era ziua mamei. Nici acolo nu mă simțeam primită sau iubită, ci, cumva, forțată să maschez ceea ce sunt cu adevărat. Legătura cu părinții mei exista, dar nu era reală. O pierdusem undeva și nu știam locul. Pe un drum străin, extrem de periculos pentru mine.

Urma să public al treilea bestseller, dar nu mai aveam forță pentru nimic. Nici măcar să scriu. Ajunsesem într-un punct al durerii și al oboselii foarte intens și conștientizam asta. Mă aflam pe linia de start. Și asta era bine.

„Vreau să merg la terapie", i-am spus depresiei mele.

„De ce? N-ai ce să faci acolo", a urlat disperată.

„Nu mai pot scrie și mă simt extrem de epuizată, orice aș face. Tu nu vezi că mă acaparezi?"

„E doar în mintea ta!" – a răspuns exact cum ar răspunde orice partener toxic.

Aflată în acest peisaj gri, scârbită de propria existență, când nici scrisul, nici dansul, nici natura nu mă mai mulțumeau, am decis schimbarea.

Să nu mai pot scrie a fost cel mai greu moment al vieții mele. O desprindere care m-ar fi ucis la propriu. Aș fi murit de infarct, inima mea s-ar fi zbătut în chinuri groaznice până la epuizare. Neputința mi-ar fi acaparat tot corpul, inclusiv inima, pentru că de acolo izvora cel mai creativ izvor al existenței: eu.

Să mă privesc distrusă, epuizată, plânsă, mediocră – a fost cel mai revelator moment al vieții mele. Era ca și cum aş fi participat la propria înmormântare, doar că eram doar eu. Nu mă plângea nimeni, ci mă plângeam singură, de milă.

Și totuși... nu am putut permite asta. Prietena mea nu se desprinsese de mine, dar într-un cadru atât de sinistru, nu am mai putut rezista unei asemenea existențe. Așa că am decis să pornesc. Mă aflam deja pe linia de start – și am alergat, așa cum am putut, spre mine. Prima victorie? Nu m-am oprit.

Prima oră de terapie a fost și prima ușă deschisă către sinele meu real. Mi s-a confirmat faptul că sunt foarte anxioasă și depresia mea funcțională este cât se poate de prezentă. I-am zis: „eu nu sufăr de nimic, sunt perfect sănătoasă". Terapeuta nu m-a contrazis, ci doar m-a privit, apoi a zâmbit fără să-mi articuleze cele spuse. Nu doar ea știa că vindecarea mea e aproape.

Rușinea de a fi slab(ă), vulnerabil(ă), „nefuncțional(ă)"

Mai ții minte? În *Autoportretul depresiei mele* pe care l-am scris în primul capitol am menționat stări pe care le aveam, printre care și rușinea de a fi „vulnerabilă", acea fetiță care, uneori, mai are nevoie de ajutorul părinților. Am fost învățată că trebuie să fiu puternică. Că durerea nu are limbaj, nu se exprimă, nu are însușiri oratorice, e aproape mută.

Se manifestă doar când e aproape de moarte. Eu trebuia să fiu ca un stâlp care cu greu poate fi doborât. Ei bine, fetița aceea a leșinat în propriile simțuri de sute de ori. Acaparată de dorința de a aparține real cuiva, de a primi ajutor, de a fi văzută și apreciată, urla pe dinăuntru până la epuizare. Apoi leșina fără să o vadă nimeni. Multe zile la rând nu se mai „trezea" – rămânea așa, într-un somn adânc al conștiinței, cu speranța că, într-o zi, cineva va avea grijă de ea.

Ani la rând – mai exact 13 – am amintit rar de ea. Eu, femeia-stâlp. Atât de rar, încât nici nu mai știam cum arată. Că purta rochițe frumoase pe care le adora. Că era tunsă scurt pentru că mamei îi era mai ușor așa. Că avea ochii verzi, ca două licăriri de rouă stătute vara pe o frunză de alun.

Într-una din zilele de după despărțirea de „prietena mea", îmi hrăneam gândurile cu o carte despre vindecarea copilului interior, scrisă de Robert Jackman. Știi momentul acela de rătăcire în care nu conștientizezi ce citești, ce faci, ce se întâmplă? Cu siguranță, da. În acea fază mă aflam eu atunci. Citeam, dar nu știam ce. Cartea vorbea despre rănile copilăriei, despre tipare de gândire distructive, despre sinele autentic. Și, deodată, ca și cum m-a cuprins o lumină, mintea, corpul, sufletul — și-au dorit să scrie. Într-o vagă claritate, mi-am conștientizat prezența într-un fragment despre copilul rănit care, mai târziu, îl rănește pe adultul care a devenit. În acea zi nu mă aflam într-o stare tocmai bună. Aveam probleme la job, iar cu părinții nu prea mai vorbeam, pentru că rătăcirea mea îi implica și pe ei. Eram singură, eram bine, dar nu voiam să divulg ce simt nimănui.

Nu mă simțeam singură. Ci, cumva, foarte confuză. Plângeam des și, ori de câte ori puteam, mă eschivam de lume. Uneori, chiar și de mine. Deși mă aflam în plin proces de vindecare – normal – aveam și momente de pierzanie, când nici nu știam în ce loc mă aflu și de ce.

Citind această carte despre rănile emoționale ale copilului interior, am descoperit un exercițiu care m-a pus pe gânduri și care, în acel moment, se potrivea perfect cu ceea ce eram: o femeie care își dorea să se vindece, dar care încă acționa din durerea unei fetițe care nu a fost nici văzută, nici ținută în brațe, nici ascultată atunci când a avut nevoie.

Exercițiu-ghid: Reacțiile copilului rănit care încă trăiește în tine

Gândește-te la momentele în care reacționezi impulsiv. Nu doar nervos, ci disproporționat, neliniștit, dezorientat. Reacțiile acelea care apar „din senin”, dar care, de fapt, au o rădăcină adâncă în copilărie.

Iată câteva exemple de reacții ale copilului rănit, care pot ghida viața adultului fără ca acesta să știe:

Te retragi complet și nu mai răspunzi nimănui atunci când te simți respins(ă) → copilul a învățat că e mai sigur să tacă și să se ascundă.

Devii furios(ă) imediat ce cineva te critică → copilul tău s-a simțit judecat și umilit în mod repetat.

Te simți vinovat(ă) pentru că ai nevoie de ajutor → pentru că, atunci când ai fost mic(ă), ți s-a spus că trebuie „să fii puternic(ă)”.

Eviți conflictele cu orice preț → pentru că certurile părinților te-au speriat profund și ai învățat că iubirea e fragilă.

Ai nevoie constantă de validare → pentru că, în copilărie, nu ai fost văzut(ă) sau lăudat(ă) pentru ceea ce ești, ci doar pentru ceea ce faci.

Fugi din relații înainte să fii rănit(ă) → pentru că ai învățat devreme că abandonul doare mai puțin când îl alegi tu primul(a).

Acum, întreabă-te:

Ce reacție am eu, ca adult, care seamănă cu un copil speriat?

Ce încerc să ascund în spatele furiei, retragerii sau perfecționismului?

Ce parte din mine cere, de fapt, să fie văzută, ținută în brațe, înțeleasă?

Scrie o scrisoare scurtă copilului tău interior, chiar acum. Poate 3 rânduri. Poate 30. Spune-i ce vezi la el. Ce simți. Ce ai vrea să-i oferi azi. Și mai ales: asigură-l că nu mai e singur.

Lipsa de sens e lipsa e serotonină

Mă aflam pe scaunul visurilor mele împlinite, dar și neîmplinite. Cumva, o parte din ceea ce eram se conturase. Publicasem trei cărți care au devenit bestseller, oamenii îmi trimiteau zeci de mesaje zilnic. Eram felicitată de către cei care mă citeau pentru emoția și patosul puse într-o inimă care le aparținea. Dar patosul și emoția din inima mea? Nu pulsau, aveau insuficiență cardiacă. O lipsă acută de serotonină, după cum ar zice specialiștii. Starea aceea de lamentare perfidă, care fura tot ceea ce ar fi vrut să înflorească în mine, dar se ofilea. M-aș fi trezit, dar nu vedeam sensul, ba chiar mai mult, ghemuită pe acel scaun al depresiei mele, ca un copil îndurerat și uitat de propria mamă, îmi doream să mor. Chiar îmi vizualizam foarte clar scenariul. De data aceasta nu mai participam singură, ci mulți oameni, toți cei care mă iubeau, îmi priveau trupul fără sens și se întrebau: „De ce?". Aflată în fața acelor imagini, lacrimile începeau să curgă și mai tare. O tornadă a durerii începea să îmi învârtă emoțiile în toate sensurile, să facă haosul și mai mare.

„Ce faci? Ce ai? De ce plângi?"

„Vreau să mor!", îi spun răspicat celui care mă deranja de la propria înmormântare.

„De ce, ce ai? Tu nu știi cine ești?"

M-a zguduit această întrebare mai tare decât acea tornadă din corpul meu, dar m-a zguduit și el.

„Nu știu cine sunt, nu am scop, nu am sens."

Se uita bulversat la mine, ca și cum s-ar fi uitat la o pictură pe care trebuie să o privești îndelung pentru a o înțelege. Pesemne că și lacrimile mele, înghețate într-un colț de ochi, îi erau străine. Și fața mea hâdă de la atâta plâns. Și corpul strâmb, provocat de timpul în care am stat chircită în scaunul ăla blestemat.

Cine sunt? Habar nu am. Mi-aș fi răspuns atunci mie, dar tuturor știam să le spun, reversul. Timp de 13 ani am fost o mincinoasă, deși uram minciuna cu toată ființa mea. Spuneam tuturor că sunt bine, deși purtam cu nesimțire masca superficialului. Scriam mult despre asta: despre minciună, despre ce este minciuna, despre ce ar trebui să pățească oamenii care mint. O blamam și eram foarte supărată dacă minciuna își făcea prezența în viața mea. Dar, se spune că ceea ce urăști cel mai tare este exact ceea ce există în tine deja. Ce nu poți accepta la alții trăiește în corp, minte, organe. Există acolo până la saturație, bolborosește, clocotește, arde și, normal, ce vine deja în plus, suplimentează și nu poți suporta. Ce ironie, până și pe mine m-am mințit 13 ani. Până și eu am primit de la propriul meu haos aceeași palmă a vieții, cea care mă deranja cel mai tare, pentru că eu însămi trăiam, eram în agonia ei.

Ani la rând, după acei 13, am chemat toate ajutoarele posibile pentru a potoli tornada. După cum bine știm toți, și chiar tu, cel care îmi citești paradoxurile vieții, știi că o tornadă nu poate fi potolită oricum. Că e nevoie de specialiști care să meargă chiar în interiorul ei pentru a-i simți intensitatea. Nu vor ști nici ei dacă vor rezista, dar, cu uneltele necesare, e posibil să reușească. Patru ani mai târziu am reușit, iar unul dintre acei specialiști am fost chiar eu. M-am transformat, fără să înțeleg cum, într-un specialist al emoțiilor mele și am reușit să potolesc haosul, ba chiar mai mult, să-i dau sens. Să aranjez pe culori și litere toate nevrozele mele, să îmi pun fostele iubiri în linie dreaptă și să învăț de la fiecare. Să dau sens oamenilor care mi-au greșit, care m-au blamat, care n-au crezut în mine. Să-i iert pe fiecare în parte, să mă iert, să le zâmbesc.

Cine sunt acum? Știi biblioteca aceea mare, frumoasă? Cărțile sunt așezate pe culori, iar numele autorilor în ordine alfabetică. Este amplasată într-un spațiu cald, cu ușoare tendințe minimaliste. Domină culoarea bej și apoi albul. Luminile difuze, galbene, dau sens bibliotecii și creează acea ambianță în care poți dormi, citi, relaxa. Așa sunt, așa mă simt, așa vreau să rămân. Lupta cu sensul și aflarea lui a propulsat în mine esența vieții. Și am aflat-o doar după ce n-am mai permis răului să mă conducă. Ce urâm în alții există deja în noi, iar lipsa de sens izvorăște de acolo, din lipsa capacității de a ierta și, mai ales, a ne ierta. Ura, răul, otrăvește și creează din sens un non-sens.

Ce trebuie să faci? Să schimbi direcția și să dai sens sensului. Știu, e nevoie de forță, de putere. Dar dacă eu am reușit, o catastrofă cu mâini și picioare, tu de ce nu ai reuși? Crezi că succesul m-a poziționat mai sus decât tine? Deloc, am fost chiar pe aceeași treaptă, poate uneori mai jos.

Dialoguri interioare rescrise (patru scene uzuale)

„Nu valorez nimic."
Răspunsul nou: „Valoarea mea nu se negociază cu productivitatea. Azi îmi arăt valoarea prin doi pași mici pe care îi fac pentru mine."

„Dacă nu e perfect, nu are rost."
Răspunsul nou: „Aleg versiunea suficient de bună. Două lucruri mici, repetate, sunt mai puternice decât zece lucruri perfecte, o singură dată."

„I-am dezamăgit pe toți."
Răspunsul nou: „Oamenii mei pot duce adevărul meu. Le spun în două rânduri cum sunt și ce pot astăzi."

„Nu am voie să cer ajutor."
Răspunsul nou: „A cere ajutor e un act de inteligență relațională. Mă conectez ca să mă reglez."

Poți copia aceste replici pe bilețele și să le ții la vedere. Folosește-le doar la nevoie, ca pe un comutator de direcție.

Ce am învățat despre mine când am căzut?

Am avut o copilărie perfectă. Pot declara, cu un soi de mândrie copilărească, că ultima copilărie a timpului am avut-o eu. Și spun asta pentru că mă simt onorată de ceea ce mi-a oferit Dumnezeu. O copilărie căreia îi mulțumesc, de când am ales vindecarea, zi de zi. Îmi aduc aminte că primisem în dar o tricicletă. Era albastră și scăunelul pe care stăteam pentru a pedala era verde. Mă distram alături de prietenii mei de la bloc și, într-un moment, am hotărât să facem înconjurul lui. Asta însemna că era nevoie să trecem pe lângă o casă vecină blocului. Ajunsă în dreptul ei, am văzut un câine foarte mare de care m-am speriat. Bineînțeles, inofensiv, dar văzând atâția copii la un loc, gălăgioși, a început să latre. Eu, mai brează decât ceilalți, am luat tricicleta în brațe și am fugit cu ea. Imaginea pe care o văd acum îmi provoacă râs. Și ție? Da. O mogâldeață de 5 ani alergând cu tricicleta ei iubită în brațe de frica unui câine – chiar este o imagine amuzantă. Dar ce a urmat nu a mai fost deloc amuzant, pentru că, chiar la curba blocului, unde asfaltul era puțin mai zgrunțuros... Poc! Am căzut. Fruntea a făcut pact cu asfaltul spre veșnicie și mi-a ștanțat copilăria în frunte ca să n-o uit niciodată.

Ce a învățat copilul de atunci, plin de sânge, urlând după mama – din toată această pățanie? Să fie mai atent. De fiecare dată când trecea acel dâmb cu asfalt zgrunțuros, avea grijă. Nu i-a mai fost frică de câini niciodată, pentru că tatăl a fost cu ea să reia scenariul și să-i spună că acel cățeluș chiar nu a vrut să-i facă nimic.

Ce a învățat adultul? Deși, uneori, am mai uitat de semnul meu din frunte, am învățat că ceea ce trebuie să rămână veșnic în noi are nevoie de cicatrici. Mai de preț, cu siguranță copilăria, pentru fiecare dintre noi, a lăsat cicatrici, nu-i așa? Genunchi juliți, mâini rupte, cap spart, coate zgâriate. Acolo e copilăria noastră – ne-a lăsat cicatrici ca, atunci când o uităm, să fie sigură că, la un moment dat, ne vom uita spre ea.

De atunci, de multe ori am căzut, iar în viața adultă... nu cred că e nevoie să menționez. Am căzut de atâtea ori, încât fiecare rană nu are cum să nu îmi aducă aminte de mine. Port răni atât de dureroase – și fizice, și sufletești – căzături atât de grave, încât uneori și eu mă întreb cum de mai rezist. Dar o fac și, cu măreția timpului, sunt recunoscătoare fiecăreia. Sunt binecuvântată că am avut ocazia să cad de atâtea ori, să fac pact cu viața spre veșnicie, spre o nemurire firească. Pentru că tot ce îmi doresc acum este: să nu mor niciodată!

Cine este sinele tău autentic și cel care s-a adaptat să supraviețuiască?

Acest mic (sau mare) sine se creează în copilărie și se poate pierde pe drumul vieții, sau nu. Eu am fost binecuvântată cu o copilărie frumoasă, specifică vremurilor de atunci. Atunci, sinele meu a înflorit. S-a creat sensibil, jucăuș, inocent, etern. Dacă e să creez o imagine a copilului de atunci, sunt eu, în varianta mea cea mai bună. Sunt copilul care visează, speră, iubește și este iubit.

Ce mă deranja cel mai tare atunci era când îi auzeam pe părinții mei că se mai ceartă. Nu știam de ce și mă simțeam vinovată. Consideram acele certuri ca fiind ultimatumuri. Mă simțeam mică și nesemnificativă pentru că nu puteam face nimic să îi revăd pe ai mei fericiți. Voiam să fac, dar era imposibil. Atunci s-a format și o parte din sine. Bineînțeles, mama și tata se aflau în situații mature, normale, pe care le trăiește fiecare cuplu. Doar că, pentru mine, normalitatea era alta, iar certurile nu făceau parte din ea. Mai erau perioade, mai ales după ce am crescut, când eram certată. Evident, ca orice copil, făceam sumedenie de pozne. Să fiu certată mă minimiza, mă făcea și mai mică decât eram și mă forța să mă închid în mine. Să evadez. Și aceste întâmplări au contribuit la formarea sinelui meu autentic. Sunt situații normale, dar, în lumina vremurilor de atunci, comunicarea eficientă nu era prioritară. Se considera că un copil trebuie să știe și de frică, și de o pălmuță. Am știut de frică. Nu contest asta, dar nu e vina lor. De fapt, nu e vina lor. În timp, devine vina noastră dacă nu ne aprofundăm existența și lipsurile.

Sinele meu creat este exact așa cum sunt și astăzi. Cel autentic, nu cel dispus să fie mereu în transă, să lupte pentru supraviețuire. Am rămas, după multe tehnici de a-l readuce înapoi, un sine puternic care nu poate și nu mai vrea să permită nimănui - nici măcar societății - să îl distrugă. Am devenit cel mai iubit om, după ce am fost cea mai execrabilă variantă a mea și am acceptat-o. Sinele meu autentic s-a pierdut pe drumul vieții și a supraviețuit resuscitării de multe ori. L-am readus la viață și acum e alături de tine, să te înțeleagă, să îți vorbească despre succes și vindecare.

Și sinele tău autentic e acolo. E nevoie doar de multă răbdare cu tine și să te conectezi cu micul tău erou care are chef de joacă. Zâmbește-i. Închide ochii. Respiră, inspiră și fii prezent în ceea ce ai fost atunci.

În Capitolul 3 vorbeam despre acea reîntoarcere la sine. Despre beneficiile vorbelor frumoase adresate celor din jur. Despre cum, atunci când ne așezăm în fața celorlalți și rostim cuvinte calde, nu doar pe ei îi mângâiem, ci și o parte din noi începe să se înmoaie, să se topească, să se deschidă. Pentru că vocea cu care vorbim lumii nu e niciodată separată de vocea cu care ne vorbim înăuntru. Dacă înveți să spui altora „ești suficient", e un pas până să îți spui și ție. Dacă înveți să spui „sunt aici pentru tine", învățând cu adevărat ce înseamnă prezența, vei reuși, poate pentru prima dată, să fii prezent și lângă tine. Dar fii autentic și valoros. Nu e nevoie să te maschezi în costume mărinimoase sau să pozezi în ceva perfect zi de zi, ci să simți reîntoarcerea aceea către oglinda ta.

Poate ți s-a spus că e copilăresc să te joci. Că e un semn de slăbiciune să te mângâi, să te iubești, să îți acorzi timp, dar eu cred altceva. Cred că, exact în aceste gesturi simple, aparent banale, se ascunde drumul către sinele autentic. Cel care nu caută validări, care nu se teme de greșeli, nu e încordat, încrâncenat, reactiv. Cel care știe cine este și, tocmai de aceea, își permite să greșească, să iubească, să râdă, să plângă, să fie viu, ba uneori chiar să înjure.

Așa că, dacă ai ajuns până aici, te invit să faci ceva ce poate nu ai mai făcut de mult: ieși la joacă cu sinele tău. Deschide-ți inima către copilul din tine și lasă-l să te conducă spre realul tu.

Ritual de reîntoarcere la sinele autetic: Joacă-te cu tine, ca să te regăsești

Alege un moment al zilei în care e liniște în jur. Ideal dimineața, înainte ca haosul să înceapă, sau seara, când casa adoarme.

Așază-te într-un loc în care te simți în siguranță. Poate fi canapeaua ta preferată, o pătură întinsă pe podea sau chiar fotoliul în care obișnuiești să te relaxezi
Închide ochii și adu-ți aminte de tine, copilul. Cum arătai? Ce iubeai? Ce joc te făcea fericit(ă)?
Respiră adânc de trei ori. Cu fiecare respirație, lasă grijile să plece și invită curiozitatea copilului din tine să se întoarcă.
Spune-i: „Te văd. Îmi este dor de tine. Hai să ne jucăm." Și joacă-te. Cu imaginația, cu hârtia, cu un creion, cu corpul, cu dansul. Fă ceva ce ai fi făcut atunci, fără rușine, fără reținere, dar împreună cu el. Cu puterea minții, pe care o deții deja, îl poți lua în brațe și să-i spui: „Te iubesc atât de mult, ești cel mai bun copil și mi-a fost dor de tine". Strânge-l în brațe ca și cum ai acolo cea mai iubită ființă de pe pământ.
La final, scrie-i o scrisoare. Câteva rânduri. Spune-i ce admiri la el. Ce a supraviețuit. Ce ai pierdut, dar vrei

să recuperezi. Și promite-i că vei fi mai des prezent(ă).

Acest ritual nu este despre „a-ți aduce aminte". Este despre a-ți da voie să FII iar, în întregime. Cu toată naivitatea care colorează viața și toată forța care se naște din vulnerabilitate.

Ieși la joacă cu sinele – și vei vedea că nu e pierdut. Doar te așteaptă, cuminte, să-l iei de mână.

Reset 7 zile — reatașarea blândă la sine

Recomandare: alege o săptămână liniștită. Fiecare zi are un ritual, o întrebare și un gest mic. Nu bifa ca la un test; folosește ca pe un ritm care te ține aproape de tine.

Ziua 1 — Corpul
Ritual: picioarele pe podea + apă + 10–12 minute de mers fără telefon.
Întrebare: „Unde e tensiunea azi?"
Gest: încălzire blândă a umerilor și gâtului, 2 minute.

Ziua 2 — Somnul
Ritual: culcare cu 30 de minute mai devreme, fără ecran în ultima oră.
Întrebare: „Ce îmi complică somnul?"
Gest: pregătesc camera (aer, lumină caldă, carte ușoară).

Ziua 3 — Hrana
Ritual: o masă simplă repetată trei zile (supă, legume + proteină).
Întrebare: „Ce mâncare îmi face corpul să spună «mulțumesc»?"
Gest: pun două pahare cu apă la vedere.

Ziua 4 — Mintea
Ritual: jurnal în 5 rânduri seara (ce simt, unde simt, de ce am nevoie, ce e la îndemână, ce fac acum).
Întrebare: „Care e gândul care mă încurcă azi?"
Gest: rescriu gândul într-o propoziție utilă.

Ziua 5 — Relațiile
Ritual: mesaj de două rânduri unui om-siguranță.
Întrebare: „Cu cine pot fi eu, fără mască?"
Gest: programăm o întâlnire scurtă, fără ecrane.

Ziua 6 — Bucuria mică
Ritual: caut o bucată de frumusețe (lumină pe perete, un copac, un miros bun) și o notez.
Întrebare: „Ce mă face să zâmbesc 10 secunde?"
Gest: aduc acel detaliu aproape (o floare, o lumânare, un cântec).

Ziua 7 — Revizuire
Ritual: recitesc săptămâna, aleg două obiceiuri de păstrat.
Întrebare: „Ce a mișcat acul?"
Gest: îmi scriu o propoziție de încurajare pentru luni.

„Jurnalul umbrelor" – cea mai intensă conversație cu depresia mea (pandemie)

Nu mi-a lipsit niciodată jocul. Indiferent de starea în care mă aflam, jocul a fost de foarte multe ori acel loc sigur în care, ori de câte ori am putut, m-am refugiat. Apoi, a venit peste noi tragedia mondială a pandemiei Covid-19. Eu, abia evadată din cei 13 ani de depresie și, totuși, cu ea după mine, am plecat în lume să îmi caut un nou loc „de joacă", doar că de data aceasta nu am mai reușit. Timpul nu a fost prietenos cu mine. În loc să îmi ofere libertate și începuturi, m-a ținut pe loc și mi-a dat o lecție cât o viață. Singură cuc, mutată într-o garsonieră vopsită în verde, am zis bun venit pandemiei și STOP unui joc abia început.

A fost primul moment în care jocul nu și-a mai găsit locul în viața mea, dar, pe parcurs, am învățat să-l chem din nou aproape. Primele zile au fost, cumva, încurajatoare, pentru că am reușit să mă mobilizez spre liniștire. Atunci nu știam nimic despre meditație, nu citeam cărți despre asta, dar ascultam muzică la maxim și dansam. Și asta era tot o formă de terapie. Zilele treceau una câte una, iar conversațiile cu prietena mea, depresia, deveneau tot mai intense. Ziua mea de naștere a venit peste mine ca o furtună, singură și într-o gălăgie emoțională insuportabilă. Da, spuneam tuturor că sunt bine, zâmbeam, ieșeam la alergat, dar adevărul era că nu eram deloc bine. Noaptea simțeam, la propriu, cum levitam din cauza durerii.

În acele luni de singurătate forțată m-am întâlnit cu mine în toate variantele posibile. Și m-am cunoscut așa cum nu credeam vreodată că există atâtea părți ale mele. Până atunci nu mai stătusem niciodată cu adevărat singură, nu știam ce înseamnă asta, deși afirmasem adesea, cu ușurință, că e simplu. Dar nu a fost simplu. A fost epuizant, devastator, uneori chiar tragic. Întâlnirea cu propriul sine scoate la suprafață umbre care încep să vorbească toate odată și e aproape imposibil să trăiești în echilibru cu ele.

Pentru mine, ca și pentru mulți alții, pandemia a însemnat adevărata întâlnire cu singurătatea. Acolo, între patru pereți, afli cât de singur ești de fapt, indiferent de câți oameni te înconjoară în viața de zi cu zi. Și atunci se întâmplă ruptura: unii rezistă, alții cedează, unii rămân, alții pleacă.

Din martie până în august am stat așa, într-o continuă conversație cu depresia și cu mine însămi. Și, deși părea o închisoare, acea perioadă m-a învățat mai multe decât orice altă experiență: să nu mai fac risipă de mâncare și apă, să îmi gestionez banii cu înțelepciune, să privesc primăvara altfel, să descopăr liniștea mersului pe jos, să vorbesc cu Dumnezeu și să îmi înțeleg durerile cele mai ascunse. A fost prea mult pentru un „învățăcel", dar lecțiile acelea au prins rădăcini și mi-au fost de folos.

Un joc al minții pe care am încercat să îl forțez, să mă cert, să o cert, să ne certăm. Nu am renunțat la joc, așa că am început să scriu un jurnal (fără să știu că asta mi-ar face bine) despre ceea ce simțeam, despre cum levitam și, mai ales, despre dialogurile interioare pe care le purtam. Mai târziu, după ce m-am trezit din amorțire și am realizat că singurătatea din pandemie a fost punctul culminant al depresiei mele, mi-am zis: „Doamne, ce poveste am scris!".

Mai jos las un dialog pe care l-am avut cu mine și prietena mea, despre durere, despre de ce pleci, de ce alergi, de ce intri în biserică, dar și despre toate acele întrebări la care niciodată nu primeam răspuns.

Dialogul cu prietena mea, depresia

Eu: De ce apari mereu atunci când simt că am găsit puțină liniște?

Depresia: Pentru că liniștea ta e doar o mască. Eu simt ce e sub ea: frica, singurătatea, vinovăția.

Eu: Și de ce rămâi atâta timp? De ce nu mă lași să respir?

Depresia: Pentru că tu mă hrănești. Din fiecare renunțare, din fiecare cuvânt nerostit, din fiecare iubire amânată.

Eu: De ce mă trimiți în pat, când știi că acolo doar plâng?

Depresia: Ca să vezi cât de fragilă ești. Ca să înțelegi că, fără mine, nici măcar lacrimile nu ți-ar mai aduce ușurare.

Eu: Am intrat în biserică și am aprins lumânări. Credeam că o să taci.

Depresia: N-am tăcut, doar m-am așezat lângă tine pe bancă. Și-am șoptit: „Roagă-te mai tare, dar eu tot aici rămân."

Eu: Atunci de ce alerg? De ce fug de oameni, de mine, de viață?

Depresia: Pentru că alergarea îți dă iluzia că mă poți lăsa în urmă. Dar eu nu obosesc. Eu merg în același ritm cu inima ta.

Eu: Ce vrei de la mine?

Depresia: Să recunoști că exist. Să nu mă mai negi, să nu mă mai ascunzi după zâmbete false.

Eu: Și dacă te recunosc? Dacă îți spun că ești aici, cu mine?

Depresia: Atunci, pentru prima dată, te vei simți mai ușoară. Eu mă micșorez când sunt privită în ochi. Cresc doar atunci când mă ascunzi.

Exercițiu pentru cititor

Scrie și tu un dialog cu ceea ce tu ai numit depresie. Poate să fie dur, poate ironic, poate chiar tandru. Pune pe hârtie cele mai incomode întrebări: „De ce ești aici?", „Ce vrei de la mine?", „De ce mă lovești când sunt cel mai vulnerabil?". Lasă răspunsurile să curgă, chiar dacă par absurde. Scopul nu este să găsești o soluție imediată, ci să lași vocea depresiei să se exprime, ca să poți înțelege ce putere are asupra ta.

Partea a 2-a

Harta vindecării

Capitolul 6

Oameni ca medicament, oameni ca zgomot

Iubirea... ce este iubirea? Răspunsul acestei întrebări a chinuit, și încă o face, generații la rând de scriitori, filosofi, iubitori de artă și nu numai, pentru că, nu-i așa, acest real sentiment dictează ora exactă a vieții. Fără iubire, nici nu știm, poate ar fi fost mai ușor sau poate mai greu. Și, poate, nici ora exactă a vieții nu ar fi existat, pentru că haosul lumii ar fi fost diferit.

Cum simt eu acest sentiment? Cum mă ghidează în viața personală și ce am înțeles simțind-o? În perioada când aveam lângă mine o prietenă „bună", priveam iubirea ca pe ceva ce trebuie să primesc. O obligație a celorlalți de a mă privi: bună, loială, empatică, frumoasă, harnică. Îmi doream ca toți cei din jurul meu să îmi pună covorul roșu la intrare, să primesc cununi de flori, totul să mi se cuvină. Normal, nu era ceva rău în asta. Dar eu îmi oferеam, oare, cele de mai sus? Deloc, ci, dimpotrivă, îmi blamam existența prin întrebări: „ce fac alții de au mai mult? Eu de ce nu sunt ca alții? De ce nu primesc ce primesc alte femei?”. Iar dacă îmi ofeream iubire, o făceam cu jumătăți de măsură. Scaunul depresiei mele era mult mai prielnic și compoziția de gânduri era singura melodie pe care o mai ascultam.

Afirmam că iubesc, normal, și o făceam cu ușurință, pentru că mă obișnuisem cu asta. Relațiile în care eram, cele două, mai exact: cu prietena mea, depresia, și cu partenerul de atunci, au creat în jurul meu un soi de gard de spini. Dar spinii nu erau către exterior, ci către mine. Oricine putea intra cu ușurință, doar eu nu puteam ieși, pentru că eram înțepată. Formam relații multiple care, de cele mai multe ori, mă aduceau în pragul nemulțumirii. Exact ce gândeam eu despre mine, exact și acei oameni îmi spuneau, dar cu voce. Ceea ce îmi dicta prietena mea să fac, fix aceleași răspunsuri le primeam și de la cei din jurul meu.

Nemulțumirea de sine îmi alegea relațiile identic. Cei din jur erau răspunsul întrebărilor din capul meu. De multe ori îmi imaginam că prietenii mă vorbesc de rău și asta se întâmpla. Credeam că sunt blamată pentru ceea ce scriu sau sunt criticată – asta primeam. Ajunsesem să fiu izolată de mine, cea autentică, pentru că ceea ce îmi ofeream era doar: AUTOSABOTARE.

Așadar, ce este iubirea? Exact, ai înțeles foarte bine. Ceea ce îți oferi este iubirea din jurul tău. Toate cuvintele frumoase pe care ți le spui sau le spui altora sunt despre iubirea din tine. Ceea ce vezi frumos în alții și la tine este exact la fel. Dragostea pe care o primești este dragostea pe care te-ai învățat să ți-o oferi. Ceea ce primești de la cei din jur sunt toate cuvintele frumoase pe care le spui despre tine.

Cele mai frumoase momente de dragoste sunt în adolescență, nu-i așa? Clinchetul copilăriei naive duce cu el mai departe frumusețea vieții. Pentru că el nu cere nimic, ci doar oferă. Este încununat de frumos, de iubire, de îmbrățișări și asta va primi, până în momentul în care nu mai știi să rostești „stop" sau să ai puterea să îmbrățișezi acel „nu" care îți aduce liniște. Alegem să ne distrugem unii pe alții pentru că nu știm să ne mai gestionăm emoțiile, pentru că uităm să învățăm, constant, că e nevoie de un echilibru între a păstra inocența copilăriei și cea a maturității.

Sunt situații, desigur, când inocența copilăriei a fost furată. Am întâlnit mulți oameni – și o parte din ei chiar mi-au fost prieteni care nu au avut parte de o copilărie completă cu ambii părinți prezenți – cu iubirea împărtășită. Ei, acei oameni, fără să transmit un gând rău despre ei, acei oameni cu inocența furată, și-au dorit să o elimine și pe a mea. Sau, mai mult ca sigur, să și-o însușească. Îi cred, pe bună dreptate. Omul matur se formează din ceea ce primește în copilărie, cei care au avut parte de lipsuri se vor forma așa (cu o foame emoțională pe care nu știu să o recunoască, cu un gol care îi face să ceară iubire fără să o poată primi, cu o teamă de abandon pe care o camuflează în control, sarcasm sau aparentă indiferență; ei vor căuta, uneori fără să știe, iubirea pe care nu au avut-o și, când o găsesc, o pot respinge, pentru că e greu de recunoscut ceva ce n-ai simțit niciodată cu adevărat).

Am fost binecuvântată cu ambii părinți prezenți în copilărie și încă sunt alături de mine, și mulțumesc lui Dumnezeu și Universului pentru asta. De când am învățat să elimin din viața mea gândurile negative, am reușit să mă apropii de ei foarte mult și să nu îi mai judec pentru ceea ce au făcut sau nu au făcut în copilăria mea. Pentru că tot ce au făcut a fost perfect. Timpul, deși destul de dur cu mine în anumite perioade, a avut grijă să mă învețe, să mă expună în fața unor lecții din care să fiu, cumva, obligată să învăț, să mă pregătesc pentru ceea ce urmează.

Cum mă ghidează în viața personală și ce am înțeles simțind-o? Acum, în momentul acesta când îți scriu și mă destăinui ție, iubirea sunt eu, sunt ceea ce îmi ofer. Nu mai aştept prea multe de la nimeni, iar dacă o fac, e doar linişte. Nu pot controla absolut totul în jurul meu, dar energia pozitivă reuşeşte de cele mai multe ori să dea liniştea mai tare. Nu mă mai conduce nimeni, au dispărut vocile din capul meu care îmi dictau nemulţumirea, neajunsurile, neliniştea. În orice situaţie care nu este prielnică, îmi dau timp de reculegere. Aşez gândurile în linie dreaptă, iar pe cele care creează dezechilibru le alung spunând: „alung toate gândurile negative". Pentru mine, cea mai bună terapie este mersul pe jos şi, da, scrisul. Sunt cele mai bune forme de linişte şi de reîntoarcere către iubirea din mine. Normal că mai există şi perioade care mă dezechilibrează, dar, cu tot ceea ce sunt acum, mă reculeg şi dau voie iubirii să mă liniştească. Ce primesc în schimb? Ceea ce sunt.

Prieteniile care te trag în jos sau te ridică

M-am mințit și eu, la fel ca și tine, de foarte multe ori, în ceea ce privește oamenii care păreau că își doresc să îmi fie prieteni. Am avut mulți, foarte mulți, mai ales în perioada de „glorie", când totul în jurul meu era o grădină a aparențelor - colorată, dar toxică. Deși mascam durerea în zâmbete, în spatele acelui râs contagios se ascundeau stări anxioase care uneori se transformau în boli vizibile, incomode, neînțelese.

Puțini știau ce să îmi spună. Cei mai mulți tăceau, iar tăcerea lor devenea o formă de abandon. Eram o prezență dorită doar când distracțiile înfloreau, când aveam chef de dans, de râs, de vibrație. Energia mea era debordantă, spuneau, dar în momentele de răscruce, de durere, de tăcere... nimeni nu mai știa cum să se apropie.

Alcoolul, drogurile. Da, drogurile. A fost o perioadă în care acestea păreau „pastilele" durerii mele. Nu, nu am fost niciodată dependentă, n-am permis nimănui și nimic să mă lege, nici măcar oamenilor. Chiar și așa, au existat seri în care mă linișteam în compania celor care „veneau să mă salveze". Și nu mă salvau, ci cu siguranță doar mă distrăgeau de la durerea mea lăuntrică, mascând-o cu o prietenie falsă.

Captivă într-un oraș al neînțelegerii, într-o viață care nu-mi mai semăna, am cunoscut un bărbat care mi-a devenit rapid prieten. Eram fragilă, proaspăt măritată fictiv, nemulțumită de tot ce trăiam, simțeam o foame nesfârșită de validare. El o hrănea. Apoi, prin el, au venit alții, și alții. În fiecare seară aveam musafiri care la început veneau cu alcool, apoi cu droguri. Am fost tentată, curioasă, validată. Slăbisem, primeam avansuri și simțeam cum prietenia aceea toxică se transforma într-un hău. Am avut tăria să mă retrag la timp pentru că mi-am conștientizat schimbările fizice. Drogurile și alcoolul au fost, poate, cea mai proastă alegere făcută într-o perioadă în care nu știam să cer ajutor, dar știam să mă prefac că sunt bine. Sunt o ființă extrem de curioasă. Și, în tinerețe, când nu știi să cauți răspunsuri în tine, le cauți în afară, în intensitate și orice poate anestezia.

Știu... mai ales în perioadele vulnerabile, când prietena noastră, depresia, se instalează și o conduce cu mâini viclene, simți nevoia să evadezi, dar să fie ușor. Să oprești gândurile, să patinezi fără teama că ai putea să cazi. Și în astfel de momente, substanțele par aliatul perfect, dar nu sunt.

Prietenii falși sunt droguri

Prietenii falși nu sunt, neapărat, oameni răi. Sunt, pentru tine, **substanțe** care îți dau un vârf scurt de validare și apoi te lasă gol(ă), mai confuz(ă), mai mic(ă).

Funcționează pe același principiu ca un drog: promisiune, „high”, **toleranță** (ai nevoie de tot mai mult), **sevraj** (îți lipsește când nu răspunzi), **cost mare** (energie, timp, demnitate).

Semne că o prietenie a devenit „drog”

Te simți evaluat(ă) permanent și alergi după aprobarea lor.
Te caută doar când le e greu, nu și când îți e ție greu.
Povestea voastră e un **ciclu**: dramă – împăcare – promisiuni – repetare.
Îi scuzi mereu și te scuzi mereu.
Ți-e teamă să spui „nu”, ca să nu „pierzi doza”.

Antidotul

Spune **adevărul scurt**: „Îmi priește mai rar/mai puțin/altfel.”
Schimbă **ritmul**: întâlniri mai rare, fără ecrane, timp limitat, pleci la ora stabilită.

Pune **granițe**: ce nu discutați, ce nu accepți, ce nu promiți.
Fă un **detox social** 14 zile: pauză de la interacțiunile care te amețesc; umple golul cu oameni-siguranță, natură, somn, scris, puțină mișcare.

Întrebare de verificare: „După trei luni de granițe, mă simt mai mare sau mai mic(ă) lângă el/ea?” Dacă te simți mai mare, relația se poate repara; dacă te simți tot mic(ă), nu e prietenie, e obicei.

Nu permite drogurilor să te învețe cine nu ești!

Când ești vulnerabil(ă), orice substanță care promite liniște rapidă prinde contur: **alcool, canabis, stimulante, sedative.** Nu demonizăm, dar nici nu romantizăm. Corpul tău e deja obosit; vei plăti dobândă.

Ce se întâmplă, pe scurt

Alcoolul pare că te relaxează, dar fragmentează somnul, ridică anxietatea a doua zi și scade frânele naturale (spui „da" când vrei „nu").

Canabisul poate amorți o vreme ruminarea, dar, la unii, accentuează amorțeala, scade motivația și tulbură ritmul zilei.

Stimulantele (cofeină în exces, energizante, alte substanțe) împing corpul peste limită.

Sedativele (mai ales luate fără recomandare) pot crea dependență și amestecul cu alcoolul e **periculos.**

Reguli blânde de protecție

Nu amesteca substanțe. Nu conduce. Nu folosi singur(ă).

Mănâncă, hidratează-te, dormi.

Fără somn, orice efect se înrăutățește.
Dacă ești pe medicație sau în terapie, discută **înainte** cu specialistul. Spune adevărul; e pentru siguranța ta, nu pentru judecată.
Dacă apar gânduri de auto-vătămare, **oprește-te** și cere ajutor (vezi nota de siguranță din Capitolul 1). Viața ta e prioritară întotdeauna.

Vindecarea iubește lumina!
Și acum, lasă-mă să-ți spun ceva important. Trăim vremuri în care depresia funcțională a devenit un mod de a fi. Tineri frumoși, inteligenți, aparent „realizați", poartă în ei o durere surdă, persistentă, despre care nu au învățat să vorbească. Și când nu poți vorbi despre ce te doare, cauți să taci într-un fel care amorțește.

Sunt mii de adolescenți și tineri care suferă în tăcere pentru că părinții lor sunt plecați, absenți, neimplicați. Crescuți cu griji și bani, dar fără prezență. Crescuți în lipsă de atingere, de ascultare, de timp autentic, acești copii devin adolescenți care nu mai știu cine sunt. Se refugiază în droguri nu pentru că sunt „rebeli", ci pentru că sunt obosiți. Obosiți de gânduri, presiune, prea multă tăcere, singurătate.

Avem nevoie, cu toții, de o societate mai conștientă care să nu stigmatizeze și să nu râdă de slăbiciuni. Se caută atât de multă performanță, uitând cât de sănătoasă este prezența. O societate care să vadă că un copil retras sau un tânăr apatic nu e leneș, ci rănit și, mai mult ca sigur, în pragul unei prăbușiri.

Și e păcat, atât de păcat să uiți cine ești. Păcat să nu știi că în tine e o forță mai mare decât toate acele substanțe la un loc. O putere care poartă numele tău și vocea copilului care ai fost.

E foarte important să nu te lași sedus de haosul acela care promite uitare. Ai dreptul să îți amintești cine ești și ai datoria față de tine să nu te pierzi în clișeele unei societăți murdare.

Vulnerabilitatea cere ajutor!

Studiile arată că tinerii care au avut un episod de depresie majoră sunt de două ori mai predispuși să consume droguri decât cei fără această experiență. În Europa, aproape 20 % dintre adolescenți și tineri au fost diagnosticați cu o tulburare mentală sau de consum până la vârsta de 24 de ani. Iar aproape jumătate dintre tinerii care ajung în tratament pentru consum de substanțe declară că au avut nevoie și de sprijin pentru sănătatea mintală – semn că durerea ascunsă e acea umbreluță care atrage furtuna. Aceste date nu sunt doar cifre reci. Sunt fețele fade ale copiilor care ar fi avut nevoie să fie ascultați, dar n-a făcut-o nimeni, pentru că mama era prezentă mai mult la birou, iar tata plecat afară să muncească. Copii absenți emoțional, părinți plecați, fără un cadru în care teama să poată fi spusă și nu ascunsă. În România, 48,9 % dintre adolescenți au declarat măcar o dată că au avut gânduri de suicid, iar peste 21 % au avut stări depresive intermitente în ultimele 6 luni.

E drept? Deloc. Aceste cifre sunt înspăimântătoare. Ceea ce face și mai durabil răul e faptul că această vulnerabilitate fără sprijin atrage alcoolul, drogurile, fuga. Iar organismul obosit preferă un moment artificial de relaxare decât să meargă la întâlnirea cu sine.

De aceea spun: vulnerabilitatea cere ajutor!

Drogurile nu sunt niciodată soluția. Ele nu doar că te îndepărtează mai mult. Izolează complet și conduc mai aproape de o prăpastie fără chip, fără poveste, fără revenire.

E mare păcat să nu-ți amintești cine ai fost. Tentația e mare, dar gândește-te de foarte multe ori înainte să faci o greșeală care îți aduce condamnare. Și nu e una frumoasă, în care tu ai încercat să te apropii de sine, ci una înfricoșătoare, care te schimonosește și nici măcar nu îți mai aduce aminte cine ai fost. Când te simți tentat să încerci, când te acaparează gândul că prietenii tăi sunt salvarea ta, adu-ți aminte care a fost cel mai frumos moment al vieții tale. Cu siguranță există unul, apoi gândește-te că va dispărea pentru totdeauna. Dependența poate fi distrusă foarte greu. Poartă mantii grele, mult mai grele decât o simplă depresie pe care admiți că o porți, mult mai apăsătoare decât acele gânduri pe care le ai zi de zi în minte. Dependența este monstruoasă, ceva ce nu ai voie să îți însușești pentru că de acolo foarte greu vei mai găsi calea către tine.

Poveste: Copilul sclipitor care a rămas fără timp

În casa lui mirosea mereu a recunoștință, știință și chimie. Mama preda biochimie, tata matematică. Pe masă, mereu un caiet cu probleme și o eprubetă în care experimente îi dictau sensul vieții. El era copilul pe care timpul părea că îl iubește: învăța în grabă și reținea pe viață, ghicea răspunsuri înainte să fie puse întrebările, făcea conexiuni ca și cum ar fi fost linii de metrou sub piele. Profesorii spuneau „geniu", vecinii „băiat bun". Când râdea, lumina rămânea pe perete câteva secunde după ce ieșea din cameră.

Apoi, încet, cam odată cu adolescența, a început să-și fabrice propriul laborator al minții. Mai întâi ceva „ușor", un fum care rotunjea colțurile lumii. Apoi pilule care promiteau somn sau chef de distracții, prafuri care ștergeau marginea de jos a tristeții. O făcea pe ascuns, cu o grijă aproape științifică. Zile întregi părea „ok"; nimeni n-ar fi știut dacă uneori nu i-ar fi tremurat colțul gurii când tăcea prea mult.

Au trecut zeci de ani așa. În tot timpul ăsta, inteligența lui a rămas debordantă, dar timpul n-a mai fost fidel. Sclipirea a început să se topească, în locul ei au venit, la început în doze mici, ranchiuna și ura pentru tot din jur: pentru întrebările mamei, pentru liniștea tatălui, pentru binele altora. Când avea alcool și substanțe, se descheia la suflet și era „băiatul acela cool" pe care-l știau toți: glume, farmec, idei cu scântei. Când lipseau, intra în sevraj — tremur fin în degete, privire care se uita prin oameni, o mânie mută care mușca din cei mai blânzi.

Și-a ținut dependența la secret cum îți ții un păcat preferat: cu ritualuri, cu alibiuri, cu prietenii care nu întreabă. S-a înconjurat de oameni-drog: care îl aplaudau când era high, dispăreau când era căzut, reveneau când aveau nevoie de lumina lui ca să-și vadă propriile fețe. A crezut că e liber pentru că putea pleca oricând. Nu știa că libertatea te lasă să pleci de la ea și să te întorci; dependența nu.

La patruzeci și unu de ani încă trăiește. Nu a murit de supradoză, cum au făcut alții mai tineri și mai fragili. Dar s-a stins pe dinăuntru ca un bec care mai pâlpâie din inerție. A ajuns o păpușă fără sens a societății, purtat de o lume pe care doar el o înțelege — o geometrie a ascunsului, un alfabet al dozelor „bine echilibrate", un calendar al minciunilor mici pe care nimeni nu le mai crede. Pe din afară e un bărbat obișnuit. Pe dinăuntru, nu-l mai recunoaște nimeni. Nu scriu asta ca să-l judec. Scriu ca să știi că se poate întâmpla și celor pe care îi iubește lumea pentru sclipire. Că inteligența nu te apără de gol, că știința părinților nu te scapă de foamea pe care ți-o promite un drog, că ura nu e adevărul tău, e sevrajul.

Dacă te recunoști, fie și într-o virgulă, nu-ți cer să te rușinezi. Îți cer să alegi lumină: spune adevărul unui om-siguranță, bea apă, dormi, ieși douăsprezece minute fără telefon, caută un specialist care te aude, nu te vânează. Dacă iubești pe cineva ca el, nu-l salva singur(ă) și nu-l hrăni cu liniște falsă. Stai aproape și, clar, pune limite. Ține ușa întredeschisă. Viața are drum înapoi chiar și de aici.

Notă de siguranță: dacă te lupți cu dependența sau apar gânduri de auto-vătămare, revino la **nota de siguranță** din Capitolul 1 și cere ajutor imediat.

Exercițiu: Cine te ține de mână? Cine te trage în jos?

Găsește un loc liniștit. Ia un caiet sau deschide o pagină nouă în jurnalul tău. Respiră adânc, închide ochii pentru câteva secunde și gândește-te la oamenii din viața ta. Toți care există acum și pe care simți că te poți baza.

Răspunde sincer la următoarele întrebări, fără judecată, doar cu blândețe față de tine:

Cine este persoana la care te gândești prima oară când ți-e greu? Îți aduce liniște sau neliniște?

Cine te aude cu adevărat atunci când vorbești? Cine îți validează suferința fără să te repare?

Există în viața ta cineva care te face să te simți mic, neînsemnat, nelalocul tău?

Cine sunt oamenii lângă care poți fi tu – fără machiaj emoțional, fără mască?

Ce tip de prieten ești tu pentru ceilalți? Le oferi sprijin sau le ceri sprijin? Știi să ceri?

Scrie numele celor care te ridică. Scrie și numele celor care te trag în jos.

Apoi, întreabă-te:

– Pe cine îmi doresc cu adevărat să păstrez lângă mine în procesul meu de vindecare?

– Cine îmi spune, chiar și în tăcere: „Îți sunt alături, fără să-ți cer nimic.”?

– Cine mă vede, nu doar când râd, ci și când mă prăbușesc? Cine este cel care mă ajută să merg către adevăratul sine, care mă susține și mă place așa cum sunt, autentic?

Încheie printr-o scrisoare scurtă către tine:

Dragă eu,

Îți promit că, de azi înainte, nu te mai las singur(ă) lângă cei care nu știu să iubească.

Îți voi fi cel mai bun prieten.

Îți voi da voie să alegi oameni care vindecă, nu doar trec prin viața ta.

Și, mai ales, îți voi oferi respectul și loialitatea pe care le-ai căutat prea mult în alții

Ce nu m-a ajutat niciodată să revin?

Prieteniile false sunt cele mai periculoase locuri în care ne putem opri atunci când vrem să ne vindecăm. Din dorința de a grăbi procesul, poposim – fără să ne dăm seama – în spații care nu ni se potrivesc, care nu ne oglindesc, ci ne închid și ne întârzie. Astfel de oameni nu te vor pentru cine ești, ci pentru cine își doresc ei să devii – o versiune a lor, mai slabă, mai controlabilă. Exact cum face și prietena mea, depresia. Am mai spus-o: sunt atât de asemănătoare, încât uneori nici nu le mai deosebeam.

Eu, de exemplu, avându-i aproape, m-am îndepărtat atât de tare de mine, încât ajunsesem să nu mă mai recunosc în oglindă. La propriu. Știi că în primul capitol am spus că nu știu că sunt frumoasă? Ei bine, asta fac prieteniile false: nu îți pun coroana care te scoate în lumină, ci te îmbracă în haine care nu-ți vin, doar ca să nu cumva să le eclipsezi.

Ce nu m-a ajutat deloc? Să ascult de alții.

Am un citat preferat pe care l-am rostit mereu în drumul meu spre conștientizare: „Nu-mi dați sfaturi, știu să greșesc și singură" – e al lui Kant, dar parcă e despre mine. Întotdeauna am simțit că sfaturile sunt, de fapt, critici învelite frumos, mai ales cele care vin necerute. Nu sunt oferite ca să sprijine, ci mai degrabă ca să controleze, să traseze drumul altuia după harta proprie.

Pe mine, personal, sfaturile m-au bulversat. Eu deja aveam o voce interioară pe care era esențial să învăț s-o ascult. Această dorință a unora de a fi sfătuitori permanenți, „binevoitori" și mereu disponibili, de cele mai multe ori nu face decât să reflecte propriile lor neîmpliniri.

Eu nu cumpăr neîmpliniri. Nu vânez reduceri și nici nu-mi croiesc viața după sfaturi gratuite. Nu o mai fac. Am făcut-o – și nu mi-a adus decât rătăcire.

Atunci când am cu adevărat nevoie de un sfat, știu exact cui să mă adresez: mie.

Evident, ajutorul specializat este una dintre cele mai benefice metode de revenire și parcurgere pe drumul cât mai sigur spre tine. Tot ce vine din exterior creează confuzii, aduce modificări care pot distorsiona imaginea dorită. Și nu asta ne dorim când deja suntem într-o tornadă, ci avem nevoie, la naiba, să vină specialiștii ăia odată să oprească gândurile din minte.

Partenerul care nu înțelege sau fuge

Puterea unui „nu"

M-am născut să iubesc. Și întotdeauna am fost completă atunci când am oferit iubire. Până la epuizare. Pentru că, din păcate, mult timp nu am știut să spun: „nu". Limita – am înțeles târziu – este cea mai sănătoasă formă de menținere a minții și a corpului. În orice: alimentație, alcool, iubire, prietenii, sport... când există limită, există înțelegere și echilibru. Ei bine, eu nu am avut nicio limită în a oferi iubire. Nu știam cum să opresc ceea ce simțeam, pentru că nu eram conștientă că mă epuizam. Ofeream din mine tot, până la ultima picătură. Din resursele mele. Fără să primesc nimic înapoi. Iar epuizarea a dus la rătăcire, rătăcirea la dezechilibru, iar dezechilibrul m-a purtat, ușor, ușor, sub pătura aceea grea, confortabilă... știi tu... a prietenei mele.

Când m-am oprit din a mai oferi (pentru că nu mai aveam de unde) cel care pretindea că îmi este partener n-a înțeles nimic. Din contră, mă blama cu fiecare privire. Chiar și în public. Chiar și în fața părinților. Și a celor care își spuneau prieteni. Atacuri de panică? Da. Am avut trei, foarte intense. Iar el îmi spunea că exagerez. Își chema prietenii în vizită, venea să-mi sufle marijuana pe nas, apoi pleca. Atât. Eu trăiam atacuri de panică fără să știu că sunt atacuri de panică. Sunt convinsă că și tu ai aflat, ca și mine, mai târziu – din reviste, cărți, jurnale și-ai rămas stupefiat(ă). Ai înghițit în sec și-ai zis: „Da...am pățit asta. Și eu am simțit că mor, că mi se oprește inima, că am ceva incurabil". Dar nu era nimic incurabil, ci epuizare la cote maxime. Continuam să supraviețuiesc fără resurse. Nu mai aveam iubire pentru mine. Corpul meu cerea înapoi tot ce eu oferisem, fără măsură, pentru alții.

Să înveți să spui „nu" este cea mai frumoasă formă de a te păstra pe tine. Nu mai pot consuma. Nu mai pot bea. Nu mai pot oferi. Și e perfect în regulă. Nu-ul tău nu este egoism, ci reconstrucție. Este o completare de resurse, o întoarcere către tine.

Era ziua mea – 15 martie. Afară, o primăvară frumoasă. În dormitorul nostru, urâtă. De două zile aveam febră mare, 40, nu puteam să înghit, să respir sau să mă mișc. S-a trezit, n-a zis nimic – „uitase" să-mi spună „La mulți ani!" – și a plecat la birou. Toată ziua am stat singură în dormitor, fără să pot răspunde la telefon. Nu puteam vorbi. Îmi era rău și nu voiam să cer ajutor – pentru că, nu-i așa, eram fata care „se descurcă singură". Sufeream. Nu doar fizic. Ci pentru că eram invizibilă pentru omul căruia îi dădusem iubirea mea. Omul care „uitase" că exist. Temperatura mare mă ducea într-o stare în care nu mă mai simțeam om. Mă simțeam nesemnificativă. Asta eram, oare?

M-a sunat mama. Mi-a zis „La mulți ani..." și s-a oprit când mi-a auzit vocea. Eram departe de ea, în orașul acela. M-a implorat să merg la spital. „Sigur ai inflamat gâtul.". Și așa a fost. Când m-am uitat în oglindă, ganglionii erau atât de inflamați încât îi vedeam cu ochiul liber. Durerea lăuntrică se inflamase. Așa face mereu: iese la suprafață când nu o mai poți ține înăuntru. La insistențele mamei, am luat un taxi. Am ajuns la spital. Mi s-au dat antibiotice. În câteva ore, temperatura a scăzut. Inflamația a cedat.

Seara, el a venit acasă. Obosit. I-am zis:

– Ai uitat?

– Ce să uit?

– Astăzi e 15 martie.

– Aaa... da?

Și atât.

A fost momentul în care am înțeles, fără niciun dubiu, că dragostea mea nu mai avea loc acolo. Nu pentru că nu era destulă, ci pentru că el nu avea unde s-o pună.

Dacă aș putea să mă întorc la mine, în ziua aceea, în acel pat, cu gâtul inflamat și sufletul tăcut, m-aș lua în brațe și mi-aș șopti:

„Îți promit că nu te va mai uita nimeni. Pentru că, de azi înainte, tu nu te vei mai uita pe tine."

Cum vorbim despre depresie în cuplu și familie

Bunica mea de pe tată nu știa de depresie și nici bunicul: „Ce e aia depresie?" — și stâlcea cuvântul de parcă l-ar fi rostit pentru prima dată. Normal că au trecut prin supărări: a pierdut un copil, l-a ținut pe bunicu în spital șase luni după ce avusese un accident la barajul unde lucra. Acasă avea animale, doi copii, câmp, pământ de lucrat fără aparatură, mâncare de făcut. Când a fost supărată cu bunicu, a mers la popă, a dat un pomelnic, a aprins optsprezece lumânări și s-a rugat în biserică, iar la ceva timp bunicul a fost bine. Casa i s-a așezat, copiii erau sănătoși, vitele erau pe câmp, porcii în coteț. Era aprigă, stăpână pe sine și, dacă stau să mă gândesc, cred că suferea și ea de depresie funcțională, pentru că nici pe ea nu o mulțumea mai nimic. De fapt, pe ambele mele bunici, născute în aceeași lună, greu le mulțumea viața cu ceva. Se plângeau, ce-i drept, de toate celea: ba colecistul, ba ficatul, ba tensiunea. Ceva era, mereu. O boală trebuia să existe, ca să țină sufletul cătrănit.

Pe bunicul, în schimb — care a și trăit 100 de ani în tihnă — nu l-am auzit niciodată să spună că îl doare ceva.

Cu proteză la picior, mers greu, aplecat, până la 99 de ani a muncit pământul, fânul, animalele. Dacă i-aș fi spus că sufăr de depresie funcțională, mi-ar fi zis, sigur: „ăăăă, bea și tu un rachiu și îți trece!". L-aș fi ascultat. Dar traumele femeilor din neamul meu parcă au fost lăsate toate în grija mea. Ca și cum doar eu le-aș fi primit moștenire. Mi-au dat mari bătăi de cap. Le-am simțit cum mă descompun. Și, mai mult ca sigur, s-au întâmplat toarte astea pentru că la mine trebuie să se oprească totul. Cu această menire m-oi fi născut? Să-mi salvez neamul care urmează și să las în urma mea un lanț fără traume? Sunt mulțumită și de acord să îmi îndeplinesc această misiune.

Cu părinții mei nu am vorbit niciodată despre depresie. O mai auzeam, în câte o zi, pe mama că se văita: „m-am săturat, sunt în depresie.". Și chiar cred că era. Acum mulți ani, mai cu precădere în anii '90, era o rușine să vorbești despre acest subiect. Dacă te depista, cumva, cineva venit din țări străine că suferi de depresie, erai trimis la zid, încarcerat, condamnat pe viață la priviri tăioase. Toată lumea te compătimea și nimeni nu îți oferea ajutorul. În orășelul în care m-am născut, nu am auzit de așa ceva — mai ales în perioada copilăriei. Cuvântul „depresie" apărea doar în glumă sau când mai plângeam după vreun băiat. Altfel, nu exista. Mai târziu, o mai auzeam pe bunica de pe mamă când mă lovea câte o dragoste neîmpărtășită că îi zicea mamei: „Las-o tu, fata, în pace, că poate o lovește vreo depresie.”. Deci, bunica știa. Știa despre depresie și, mai mult ca sigur, a și suferit de ea.

În familia mea, dacă aș fi atins vreodată acest subiect, sigur aș fi fost luată în râs. Pentru ei, depresia mai mult ca sigur nu există și poate fi „vindecată” cu ocuparea minții. „Mergi, mamă, pe câmp și strânge iarba” sau „Hai și ajută-mă să strâng buruienile astea de pe ogor, că îți trece de toate.”. Mă duceam. La început fără chef, dar cumva, cu fiecare zi, pământul mă lua de mână și-mi dădea un soi de pace. Natura vorbește, oferă corpului și minții o formă de liniște pe care n-o găsești în altă parte. Mama mă cicălea, nu mă înțelegea, dar nici nu renunța. Iar eu, cu încăpățânarea mea de „nu vreau”, ocoleam subiectele grele. Pentru că, nu-i așa, părinților nu le zici chiar totul.

Cum vorbim în familie și în cuplu despre acest subiect? Greu. Uneori deloc. Depinde foarte mult de nivelul de conștientizare al celor din jur, de câtă înțelegere știi că poți primi. Vorbim — dar avem nevoie să primim conexiune. Conexiunea aceea profundă, aceea care vine dintr-o liniște autentică, nu din „hai, treci peste”. Dacă nu există această conexiune, devine inutil. Și, mai ales, dureros. Dar nu trebuie să blamăm. Nu oricine e pregătit să înțeleagă ceea ce trăiești. Mai ales părinții noștri, care au fost crescuți fără să pună accent pe introspecție, fără spațiu pentru întrebări.

Mi-am purtat ani la rând masca de bine. Zâmbeam, dădeam din cap, spuneam „sunt ok", deși în mine era o baltă adâncă și rece. Masca de bine era zâmbetul meu social, răspunsul automat, reflexul de a părea întreagă. N-am avut niciodată așteptarea ca cineva să mă vindece, nici măcar să mă înțeleagă pe deplin. La început m-am izbit de toate colțurile depresiei și ale anxietății. Am trăit atacuri de panică alături de un partener care credea că exagerez. Am ținut totul în mine. Iar când, în sfârșit, am ales ajutorul specializat și am înțeles ce mi se întâmplă, mi-a zis: „Din cauza psihologului ne despărțim.". Și așa a fost. Din cauza orizontului pe care mi l-a deschis.

Aș vrea să-ți spun că există o rețetă, dar nu există. Eu am inventat una din mers, cu fiecare cădere și fiecare ridicare. Nu știu dacă am făcut totul „cum trebuie". Dar știu sigur că depresia mea funcțională a fost o parte intimă din mine. Una care nu putea fi înțeleasă din exterior, ci doar ținută în brațe de mine. Înțeleasă, acceptată de omul potrivit pe care l-am tot căutat în alții, dar, într-un final, am înțeles: eram eu.

Exercițiu: Un mesaj către mama

Închide ochii. Imaginează-ți că mama ta e în fața ta, dar nu pentru o discuție grea, nu pentru explicații sau răspunsuri. E acolo ca să te asculte, așa cum poate n-a făcut-o niciodată. E prezentă, caldă și pregătită să te asculte fără să apostrofeze nimic. Gândește-te că ai ocazia să-i spui ce simți, nu ca să o învinovățești, ci ca să te eliberezi. Ca să înțeleagă, în sfârșit, cine ești.

Deschide jurnalul sau o pagină nouă și scrie așa cum simți. Eu ți-am lăsat un model care te poate inspira.

Dragă mamă,

Poate că n-am știut niciodată cum să-ți spun. Poate că am crescut simțind că nu e loc pentru emoțiile mele, că trebuie să fiu puternic(ă), bun(ă), liniștit(ă), chiar și atunci când ceva în mine urla. Știu că nu ți-a fost ușor. Știu că ai dat tot ce-ai știut. Și n-am să te învinuiesc pentru tăcerile tale. Nu te scriu ca să-ți cer ceva, ci ca să-ți arăt ce am înțeles.

Am fost trist(ă). M-am simțit singur(ă). M-am închis de atâtea ori pentru că nu știam cum să cer iubire fără să par slab(ă). Poate ți-ai dorit să-ți spun, poate nu ai fost pregătită să auzi. Dar eu aveam nevoie. De brațele tale, de cuvintele tale, de liniștea ta. Azi nu-ți scriu ca să-ți cer.

Îți scriu ca să-ți spun: m-am întâlnit cu mine. Am înțeles că singurul medic capabil să-mi înțeleagă toate durerile, toate nevrozele și nevoile, am fost eu.

M-am ridicat. M-am scos de pe scaunul depresiei și m-am așezat pe scaunul dreptății. Pe scaunul adevărului meu. A fost greu, dar n-a fost în zadar. Și dacă te întrebi vreodată ce copil ai crescut, să știi că ai crescut un om care s-a vindecat singur. Să fii mândră. Nu pentru că am reușit fără tine, ci pentru că, în ciuda tuturor lipsurilor, n-am încetat niciodată să sper că pot fi întreg(ă).

Te iubesc. În felul meu.

Și azi, pentru prima dată, pot spune asta fără gol în piept."

Lasă-ți mintea să fie relaxată și scrie fără cenzură și fără vină. Poți păstra mesajul pentru tine, îl poți arde, îl poți rosti în gând sau, poate, chiar îl poți trimite. Dar mai întâi, oferă-ți-l ție ca dovadă că ești aici. Vindecat(ă). Conectat(ă) cu tine.

Protocol conversațional: Cum vorbim acasă despre depresie

Repereazǎ momentul: nu începi discuția la capătul răbdării. Alege o fereastră liniștită.
Vorbește din tine: „Îmi e greu. Aș avea nevoie de X și de Y, dacă poți."
Cere lucruri concrete: „Te rog, în seara asta stai lângă mine 15 minute fără telefon."
Definește limite: „Când ridicăm tonul, facem pauză. Reiau peste 20 de minute."
Recunoaște efortul: „Mi-a prins bine. Mulțumesc."
Revizuire peste 48 de ore: „Ce a mers? Ce schimbăm?"

Dacă partenerul „nu înțelege", nu convingi cu teorii, ci cu **contracte mici**: o seară pe săptămână fără ecran, o plimbare scurtă împreună, un „nu" mic spus cu blândețe, un plan pentru zilele grele.

Familia și granițele

Iubirea fără granițe arde. Spui „da" și te stingi, spui „nu" și te simți vinovat(ă). Alege **griji posibile** în locul **rușinii cronice**. Trei fraze care te ajută:

„Îmi pasă, dar în ritmul meu.”
„Pot să te ascult 15 minute, apoi am nevoie să mă opresc.”
„Asta nu pot prelua acum. Îți pot recomanda pe cineva/putem căuta soluții.

Munca și oamenii care dor

Nu fiecare conflict e toxic; uneori e doar oboseală. Dar dacă „mă micșorează” e regula, e un semn. Folosește regula 3×3: trei săptămâni în care urmărești trei parametri (somn, energie, pofta de viață). Dacă scad constant, cere o discuție în care să te echilibrezi. Dacă nu se schimbă, caută o ieșire elegantă.

Cinci replici utile (de învățat pe de rost)

„Apreciez că vrei binele meu. Eu am nevoie de X.”
„Nu pot acum. Revin mâine/în weekend.”
„Îmi face rău conversația asta în forma de acum. Putem relua altfel?”
„Nu e contra ta, e pentru mine.”
„Haidem să punem un timp limită: 20 de minute, apoi pauză.”

Alege oamenii alături de care simți că evoluezi sau evoluați împreună

Când îți e greu, tentația e să te agăți de orice mână întinsă. Dar nu orice mână te ridică. Unele doar îți dau o doză scurtă de atenție și te lasă mai jos decât erai. Alege oamenii lângă care respiri mai adânc, dormi mai bine, te simți mai demn(ă). Spune „nu" când inima se micșorează și „da" când corpul se liniștește. Îți faci, cu pași mici, o familie de sprijin în care depresia nu e secret și nici rușine, ci un anotimp care trece mai repede când îl porți împreună.

Depresia și feminitatea/masculinitatea

Suntem diferiți ca femei și bărbați? Desigur. Egalitatea între sexe nu a existat niciodată, iar când va exista, lumea nu va mai fi lume, ci o adunătură de oameni fără identitate. Eminescu spunea: „Egalitatea există doar în matematică" - și bine ar fi să rămână așa, pentru că e firesc să funcționăm diferit ca specii. În acest fel, complementaritatea există și echilibrul are sens.

Se vorbește foarte mult, în ultima perioadă, despre energie feminină și energie masculină. Și da, femeile tind tot mai des să capete trăsături specifice bărbaților, iar bărbații, trăsături specifice femeilor. Nu este corect și nici normal. Într-o lume în care ne dorim prosperitate și echilibru, femeia care devine bărbat se va masculiniza, iar bărbatul va ajunge o „femeie" mai fragilă decât cea care și-a pierdut feminitatea. E bine să rămânem fiecare în locul nostru. În acest fel și depresia se poate diferenția, nu-i așa?

Poate ai observat și tu: femeile par să vorbească mai ușor despre tristețea lor, dar bărbații... o ascund în spatele furiei, al tăcerii sau al paharului de alcool. Depresia la femei plânge, depresia la bărbați tace și lovește. Una se vede, cealaltă se maschează, dar amândouă dor la fel de tare. Și totuși, câți dintre bărbații din viața ta ar recunoaște că sunt deprimați? Și câte femei și-au cerut scuze pentru că plâng, când de fapt corpul lor striga după ajutor?

Noi, femeile, folosim farduri, rochii, bijuterii pentru a ascunde prea desele noastre stări de isterie, crize hormonale, panica vârstei. Uneori reușim să ne camuflăm după ele, alteori nu. Bărbații nu au nimic, dar au sinele puternic – pentru că așa i-a învățat societatea să fie: puternici. Dar această putere nu include și vulnerabilitatea, această latură care ar trebui predată în școli. Ar trebui să se vorbească despre beneficiile vulnerabilității și să nu mai fie confundată cu slăbiciunea sau cu lipsa puterii.

Și aici, în miezul acestei realități, ajungem la un punct pe care multă vreme l-am ignorat: vulnerabilitatea nu este slăbiciune. Vulnerabilitatea este adevăr. Este acel spațiu interior în care ai curajul să te arăți așa cum ești, fără mască, fără armură, fără farduri și fără pahare goale. Este vocea prin care spui: „Da, și eu am nevoie de ajutor. Da, și eu sufăr. Da, nici eu nu mai pot singur.". Și, paradoxal, în acest gest aparent mic stă cea mai mare forță a omului.

Bărbații au fost crescuți cu fraze precum „nu plânge, ești băiat", „fii tare", „nu arăta că suferi". Au fost învățați să transforme lacrima în furie, vulnerabilitatea în agresivitate, frica în tăcere. Dar nimeni nu le-a spus vreodată că tocmai în lacrimă, în frică și în recunoașterea durerii se ascunde puterea de a se vindeca. Câți dintre voi, bărbaților, ați simțit nevoia să urlați că vă doare și, totuși, ați ales să tăceți? Câți dintre voi v-ați simțit la pământ și v-ați înecat în muncă, în alcool sau în aventuri doar ca să nu recunoașteți depresia?

Femeile, în schimb, plâng. Vorbesc. Cer ajutor, chiar dacă uneori se rușinează după aceea. Ne ascundem sub parfumuri și rujuri, dar în fața durerii noastre nu rezistăm prea mult. Ne place să credem că putem ține totul în echilibru: copiii, casa, munca, relația. Dar și noi clacăm. Și e bine să o facem. Pentru că depresia care se lasă ascunsă prea mult timp se transformă într-un cancer al sufletului și, uneori, chiar al corpului.

Și totuși, cât de vindecătoare ar fi o lume în care bărbații ar fi învățați să își plângă durerile, iar femeile ar fi învățate să își onoreze sensibilitatea ca pe o comoară? Ce s-ar întâmpla dacă băieții ar învăța încă din școală că vulnerabilitatea este o formă de curaj și că a cere ajutorul nu înseamnă slăbiciune, ci maturitate? Câte vieți ar fi salvate dacă depresia masculină n-ar mai fi tăcută și ucigătoare? Și câte femei ar fi mai împăcate cu ele însele dacă n-ar mai fi nevoite să-și ceară scuze pentru că „sunt prea sensibile"?

Îți spun direct: nu există „prea sensibil". Există doar sensibilitate reprimată, care explodează mai târziu sub formă de boală, furie sau depresie. Sensibilitatea este radarul sufletului. Îți arată unde doare și ce trebuie vindecat. A o nega înseamnă a te nega pe tine.

Așa că, bărbatule, lasă-ți lacrima să cadă. Lasă-ți furia să se transforme în cuvânt. Lasă-ți inima să îți arate că nu ești slab dacă recunoști că suferi. Din contră, abia atunci vei cunoaște adevărata ta putere. Și tu, femeie, nu-ți cere iertare pentru lacrimă. Nu te scuza pentru fragilitatea ta. Ea este darul tău, felul în care îți arăți umanitatea.

Și mai este ceva. Vulnerabilitatea nu doar că vindecă, dar creează punți între oameni. Nu ne apropiem unii de alții prin perfecțiune, prin reușite, prin imaginea impecabilă afișată lumii. Ne apropiem prin fisuri, prin căderi, prin mărturisirea comună: „Și eu am trecut pe aici.”. Ai observat, poate, că cele mai profunde conversații pe care le-ai avut vreodată nu au fost despre vreme sau despre job, ci despre durere și speranță. Despre momentele când ai fost la pământ și ai găsit, în altcineva, oglinda durerii tale.

Și aici e cheia: depresia se hrănește din singurătate, iar singurătatea moare în clipa în care ai curajul să îți spui adevărul. Poate fi o conversație cu un prieten, cu un terapeut, cu Dumnezeu sau chiar cu tine, scrisă într-un jurnal. Important e să rupi tăcerea.

Depresia la femei și la bărbați - Ce spune știința?

Conform Organizației Mondiale a Sănătății, depresia afectează aproximativ 5% dintre adulți — 6% dintre femei, comparativ cu 4% dintre bărbați. Aceasta înseamnă că femeile sunt prinse în depresie **cu aproape 50 % mai des** decât bărbații. În plus, peste **10 % dintre femeile însărcinate sau proaspăt mămici** experimentează depresie prenatală.

Factori biologici și hormonali

Femeile trec prin fluctuații hormonale semnificative — menstruație, sarcină, postpartum, menopauză — și toate acestea pot amplifica vulnerabilitatea la depresie.

Diagnostic și sinucidere

Bărbații sunt diagnosticați mai rar, dar **mor prin suicid de 3–4 ori mai des** decât femeile.

O explicație e că simptomele masculine pot fi manifestări atipice (agresivitate, furie, consum de substanțe) și astfel ușor de trecut cu vederea.

Tipuri de coping și introspecție

Teoria „ruminației" arată că femeile au o tendință mai mare să „rumineze" gândurile negative — să le retrăiască în interior — în timp ce bărbații tind să se distragă prin activități – dar efectele pozitive ale acestei distrageri nu sunt întotdeauna susținute de studii.

Postpartum la ambii părinți

Nu doar femeile suferă de depresie postpartum. Date recente indică un procent de **5% dintre tați la nivel global** — și până la 25% în primele 3–6 luni după naștere — confruntându-se cu depresie paternă. Pentru bărbați, simptomele includ iritabilitate, consum de substanțe, distanțare emoțională.

Accesul la terapie și tratamente

Terapie și medicamente sunt oferite în mod diferit: femeile **sunt mai frecvent medicate**, în timp ce bărbații **sunt mai degrabă direcționați spre consiliere**.

Există și diferențe în răspuns: unele studii arată că bărbații pot răspunde mai rapid la combinația de medicație + psihoterapie, în timp ce femeile pot avea nevoie de o terapie mai lentă, combinată.

Știi ce înseamnă asta, dincolo de cifre? Înseamnă că tu, femeie, adesea ai fost singura care știa cât de greu e să găsești un motiv să plângi în public, și vezi — știința spune că nu ești nebună, ești sensibilă și ai dreptul. Ai dreptul să îți lași lacrima să curgă, să îți spui povestea și să nu mai îți ceri scuze pentru că simți. Sensibilitatea ta nu e o povară, e antena cu care sufletul tău receptează adevărul. Și tu, tu, bărbatule, care ai fost învățat că „vulnerabilitatea e slăbiciune", știi acum că realitatea e alta: sunteți de două ori mai puțin diagnosticați... dar vă sinucideți de patru ori mai des. Asta nu e o întâmplare și nici o rușine, e o rană pe care societatea v-a obligat s-o ascundeți. Dar înainte să îți pui lumea pe pauză și, mai ales, viața, nu crezi că ar fi mai bine să descoperi ce frumusețe poate să încapă într-o zi trăită cu adevăr? O viață în care să îți spui: „da, și eu sufăr, dar nu mai vreau să mă ascund."

Pentru că, de fapt, vulnerabilitatea este curajul suprem. Curajul de a trăi.

Îți las mai jos, atât ție, femeie, cât și ție, bărbat, câteva întrebări la care e nevoie să răspunzi cu sinceritate, așa cum poate n-ai făcut-o niciodată:

Exercițiu pentru bărbați: „Lacrima ascunsă"

Instrucțiune: Ia o foaie de hârtie și un creion. Scrie sus, cu litere mari: „Nu sunt slab dacă simt.". Apoi răspunde la următoarele întrebări, fără să te cenzurezi:

Care este ultima amintire în care ai simțit nevoia să plângi și nu ai făcut-o?

Dacă ai fi plâns atunci, ce s-ar fi întâmplat? Ce ai fi pierdut? Dar ce ai fi câștigat?

Gândește-te la un om în fața căruia ai avea curajul să îți arăți lacrimile. Cine ar fi? Și dacă nu găsești pe nimeni acum, imaginează-ți că ai în față propriul tău copil. Ce l-ai învăța?

După ce scrii, recitește-ți răspunsurile cu voce tare. Apoi, închide ochii și respiră adânc. Pune palma pe piept și spune: „Am voie să simt. Am voie să plâng. Am voie să fiu om.”.

Exercițiu pentru femei:
„Sensibilitatea mea e putere”

Instrucțiune: Așază-te într-un loc liniștit, cu o oglindă în față. Privește-te câteva minute fără să îți corectezi chipul, fără să îți aranjezi părul sau să îți ascunzi ridurile ori oboseala. Apoi răspunde în scris la aceste întrebări:

Ce parte din mine am judecat cel mai mult pentru sensibilitatea ei? (poate corpul, poate emoțiile, poate felul în care plâng „prea des”).

Care este cel mai frumos dar pe care sensibilitatea mi l-a adus vreodată?

Dacă sensibilitatea mea ar fi o prietenă, ce mi-ar spune acum?

La final, scrie o scurtă scrisoare către tine însăți, în care să-ți promiți că nu vei mai cere scuze pentru lacrimile tale, pentru fragilitatea ta, pentru vocea ta tremurândă. Citește-o cu voce tare și lipește foaia pe un perete sau pune-o într-un loc unde o poți reciti ori de câte ori uiți cine ești.

Capitolul 7

Disciplină

Dacă ne-am așeza la o masă și mi-ai cere să-ți spun pe scurt cum m-am desprins de prietena mea, depresia — ți-aș răspunde că nu am avut parte de rețete speciale, ci am căutat vindecarea de sine cu sine, cu realul care cerea în mine completare. Am aflat ce îmi lipsește și **m-am disciplinat să adaug ce lipsea**. O disciplină de care m-am ținut chiar și în zilele alea fără chef.

În cei treisprezece ani haotici, n-am știut că **alimentarea, rugăciunea, meditația, mișcarea, scrisul** sunt pârghii reale, nu doar cuvinte frumoase. Am aflat pe pielea mea, câte puțin. La început, pașii mei păreau că nu duc nicăieri. Altădată îmi dădeau o fărâmă de putere înapoi. Zi după zi, s-a legat între ei o **structură**: mică, dar fidelă. Mama îmi repeta de fiecare dată când avea ocazia și când mă mai găsea în câte o pasă proastă/bolnăvicioasă: „să iei vitamine, să iei omega, să ai grijă de tine". Normal că mult timp n-am băgat-o în seamă, până când, episodul al doilea de revenire a furiei mele interioare (o vei regăsi în Capitolul 8) a venit în forță și a avut grijă să mă secătuiască de puteri. Așa că nu am avut încotro, am căutat specialiști (și nu doar) și m-am dat pe brazdă.

Suplimentele au fost primul meu pas „tehnic". Corpul era epuizat, secătuit. Cu ajutor specializat am înțeles că lipsuri aparent mărunte — magneziu, vitamina D, omega 3, fier — pot să te prăbușească încet. Nu s-a întâmplat un miracol peste noapte. Dar, din ziua în care am început să-mi completez ce fusese furat, **corpul nu a mai fost ignorat**. Și asta, în sine, a fost o formă de iubire.

Apoi a venit **rugăciunea**. Aproape zilnic, mergeam câte 10.000 de pași până la biserică și înapoi spre casă. În biserică, plângeam, iar când aveam ocazia mai vorbeam cu preoți. Am lăsat zeci de hârtii albe scrise cu pixul:

„Sunt recunoscătoare pentru tot și cer împlinirea și liniștea sufletească".

Mișcarea nu a fost despre „a arăta bine". A fost despre **a putea**. Alergam uneori cu lacrimi în ochi; lacrima nu mai era a neputinței, ci a efortului de a mă aduce înapoi în mine. Aceasta a fost forma mea de „nu mă las bătută".

La fel, **hrana**: nu perfectă, nu strictă, ci aleasă cu grijă. Am învățat să ascult ce îmi spune corpul după o masă. Cum mă liniștește o supă caldă și mă tulbură o cafea băută prea târziu. A mânca cu grijă a devenit **prezență** și am înțeles că ce pun în farfurie poate fi și lumină, și haos.

Și poate cel mai intim: **jurnalul**. Nu pentru alții sau estetic, ci pagini în care îmi așezam durerile fără să le ordonez, unde nu era nevoie „să par bine". Îmi vorbeam mie, fără filtre. De fiecare dată când închideam caietul, eram mai ușoară și nu era spectacol al gândurilor la care participam, era **adevărul meu pe care eram hotărâtă să îl spun și, mai ales, să îl cred despre mine**.

N-am găsit un singur miracol. Am găsit **o constelație de gesturi mici** care, împreună, m-au tras înapoi spre lumină. E muncă multă, uneori e și acum, dar nu o mai fac singură. Între timp am învățat să-mi fiu aproape.

Dacă ești aici, la începutul acestui capitol, îți propun să nu cauți rețeta perfectă. Caută **doi pași mici** pe care îi poți repeta. Poți alege alte metode: alege să mergi la somn cu o jumătate de oră mai devreme și 12–15 minute de mers fără telefon. Sau bea un ceai fierbinte și scrie cinci rânduri seara. Sau o rugăciune pe care să o spui atunci când simți că ți se pune acel nod în gât și un „nu" mic spus la timp. Nu trebuie să simți ceva măreț, trebuie doar să **revii** în fiecare zi câte puțin spre tine. Uite, de exemplu, eu am ținut post 9 marți la rând și, dimineața, rosteam rugăciunea sfântului Anton. A fost o formă de liniște alături de care îmi începeam ziua.

Restul capitolului desface pe rând aceste piese: cum le-am folosit, ce a mers, ce nu, cum le poți proba tu în viața ta. Eu îți spun povestea mea. Tu îți vei construi **constelația ta** așa cum simți că e mai benefic pentru tine, în ritmul tău.

Yoga – chemarea care încă nu a venit

Despre yoga am citit, am ascultat, am primit recomandări. Și toate îmi vorbeau frumos, despre reconectare, respirație și despre puterea aceea a corpului despre care mulți încă nu știm nimic. Eu încă nu am simțit chemarea să o practic și n-am vrut să o forțez, pentru că știu că atunci când va fi momentul, o voi simți din tot sufletul. Simt, totuși, că va veni un timp în care yoga îmi va oferi alt fel de ancorare. Una diferită de mersul alert, diferită de sportul intens. O legătură mai profundă între corp și emoție. Între inimă și respirație.

O las acolo, în așteptare. Sunt sigură că mă va găsi ea, atunci când voi fi pregătită s-o primesc.

Masajul – terapia pielii, vindecarea din atingere

Corpul meu a tăcut mult timp. L-am împins dincolo de limite, l-am și judecat, ignorat și totuși, m-a iertat de fiecare dată. A rămas cumva tăcut, dar masajul – mai ales drenajul limfatic – a fost felul lui de a-mi răspunde.

Terapia pielii nu e doar despre piele, ci despre energia ascunsă în mușchi, în celule, în amintiri. Despre dureri vechi care se ridică la suprafață doar atunci când cineva specializat știe să le risipească. Drenajul limfatic m-a învățat că nu doar mintea duce greul, ci și corpul. Că și el suferă, se încarcă, obosește și are nevoie să fie ascultat, mângâiat, eliberat. Am descoperit în această formă de terapie una dintre cele mai simple și, în același timp, profunde modalități de vindecare. De fiecare dată am plecat de la masaj cu trupul mai ușor și cu sufletul puțin mai limpede, ca și cum cineva ar fi șters praful adunat de prea mult timp între pielea mea și amintirile mele.

Ce NU a mai funcționat la mine

Detox-uri extreme și diete „magice".
M-au obosit și mi-au aprins rușinea.
Prea multe suplimente deodată.
Nu mai știam ce mă ajută.
„Gândire pozitivă" cu forța.
M-a făcut să mă simt falsă.
Terapii fără potrivire.
Când alianța nu a existat, am schimbat.
Stacking de obiceiuri (zece noi odată).
M-a copleșit.
Ecrane până târziu „ca să mă liniștesc".
M-au rupt de somn.

Nu înseamnă că nu funcționează pentru alții.
Înseamnă că **mie** nu mi-au prins bine *atunci*.

Cutia de urgență pentru zilele când alunec, pentru că, da, există și acestea:

1. apă + lumină;
2. 12–15 minute mers fără telefon;
3. mesaj de 2 rânduri unui om siguranță;
4. 5 rânduri în jurnal;
5. un „**nu**" **mic** azi (față de ce mă stoarce).

Repet 3 zile. Nu urmăresc spectacol, ci **tracțiune**.

Cum depresia frânge timpul – și de ce e accidentul vieții care doare cel mai tare

Când ești în depresie, timpul — acel fluid simplu și firesc — devine inamicul tău. Nu mai curge în ritmul normal, nici nu mai răspunde așteptărilor. Știi ce zic studiile? Persoanele depresive experimentează o **distorsiune profundă a percepției temporale** — minutele devin ore, zilele o veșnicie, iar prezentul pare blocat într-un cocon fără sens.

Într-un studiu recent, oamenii cu depresie s-au arătat incapabili să estimeze corect intervalele de timp: supralicitează secunde (mai puțin de o secundă li se pare eternitate) și subevaluează durate mai mari (şi acele câteva ore care sunt, pentru noi, trecătoare). Alte cercetări au confirmat că timpul pare **prelungit, lent, chiar otravă pasivă** care se scurge fără să o simți.

Și totuși, nu e doar o chestiune de oră sau minut. Nu. E o formă de **violență subtilă asupra sufletului tău**: timpul se dilată ca o dezamăgire prelungită. Trecutul devine un labirint al regretelor, prezentul — o mocirlă fără scăpare, iar viitorul - un teritoriu imposibil, plin de gol. Când depresia apasă timpul îți este luat în brațe, dar nu te ține — te sufocă. Și când privești înapoi, vezi nu ceea ce ai trăit, ci ceea ce ai lăsat nespus, neîmbrățișat. În psihologie se spune că depresia te prinde într-o perspectivă temporală dezechibrată: **prezent fatalist**, în care nu mai crezi că ai putere de schimbare, **prezent hedonist redus**, nu te bucuri de moment, și **viitor negativ**, nu mai speri. Iar trecutul? Ți se pare numai plin de poveri, din care nu mai vezi ieșire.

Și ai dreptate să te temi. Pentru că timpul care nu mai curge normal nu te face doar mai trist, ci îți fură ceva prețios: **șansa de a regreta că nu ai trăit la timp**. Că vorba aia: la sfârșit nu regretăm prea mult ceea ce am făcut, ci ceea ce nu am avut curajul să facem.

Ei, dar dacă vrem să fim depresie? Să ne lăsăm portretul trist să devină identitatea noastră?

Sigur, depresia are voie să fie. E o stare omenească. Toți avem zile – luni – ani în care sentimentele noastre tac fără zgomot, dar se adună în cuvinte nerostite și vise abandonate. Doar că, și tu o știi: **echilibrul** e esențial. E ca vâslele care conduc barca în care te afli — rustice, poate dureroase, dar stabile și necesare, inechivoce: ele te duc spre țărm, spre idealuri. Fără ele, rămâi în derivă.

De ce această experiență temporală nu mai este fidelă, dar poate fi recuperată

1. Depresia îți taxează memoria specifică

Adesea, nu reușești să retrăiești un moment frumos detaliat — îți amintești doar „am fost la mare cândva". Aceasta este memoria autobiografică **generalizată** — o caracteristică clasică a depresiei care amplifică relația cu regretul, pentru că frumosul nu mai are contur.

2. Timpul se oprește când nu mai investești în prezent

Când tratăm timpul ca pe un dușman (prezent fatalist) și ne permitem doar să supraviețuim, simțim că nicio zi nu contează. Însă uneori, un fragment — o mișcare, un glas, un pas — poate reconecta timpul la viață. Științific, **starea emoțională** și gradul tău de trezire emoțională pot reconfigura modul în care percepi timpul. Când emoțiile sunt activate, timpul pare să se pună din nou în mișcare.

3. Depressive realism — o vedere mai reală, dacă reușești să o domolești

Și aici intervine un paradox: depresia îți permite uneori o **percepție mai realistă a realității** — numită *depressive realism.*

Poți judeca corect limitele tale, pericolele din jur, iadul de realitate. Dar asta vine cu costul: sarcina e că totul pare fără ușă de ieșire. Echilibrul transformă realismul curajos în pragmatism sănătos.

4. Viitorul nu pare să existe, dacă nu îl schimbi acum

Percepția distorsionată a timpului te face să nu mai visezi. Dar dacă măcar schițezi un pas — oricât de mic — către ceva ce contează, chiar și o zi începe să aibă greutate, un „viitor" capătă ecou.

Știi tu... Când timpul nu e de partea ta, e ca și cum ai fi o barcă fără vâsle, într-un ocean fără mal. Intuiești că ești viu, dar pierdut. Te-ai întrebat vreodată: „În fața vieții părea că se scurge degeaba, dar după, dacă mă voi uita înapoi, voi regreta zilele pe care nu le-am trăit cu adevărat?".

E momentul să inserezi echilibrul acolo unde ai pierdut ritmul — să îți aduci vâslele înapoi în mâini. Și, da, depresia are dreptul să fie, dar nu trebuie să devină identitatea ta. Echilibrul e refugiu și frontieră în același timp.

Exercițiu: Calendarul vieții recuperate

Acesta nu e un jurnal obișnuit. Este o hartă de timp pe care o vei rescrie singur, printr-un ritual în trei pași.

Pasul 1. Întâlnirea cu ziua pierdută

Scrie pe o foaie: *„Ziua pe care n-am trăit-o"*.

Închide ochii și adu-ți aminte de o zi în care depresia ți-a furat timpul: poate ai rămas în pat, poate ai mers mecanic la serviciu, poate ai plâns până te-ai stins. Descrie acea zi ca și cum ar fi un film alb-negru, în care tu ești personajul care doar privește. Detaliază: ce ai pierdut? Ce ai fi vrut să faci și n-ai făcut? Cu cine ai fi vrut să fii?

Scop: să conștientizezi „golul temporal", să vezi unde ți-a fost furată viața.

Pasul 2. Ziua rescrisă

Sub același titlu, scrie acum: *„Ziua pe care o recuperez"*. Ia exact acea zi și rescrie-o, dar în culori: descrie cum ar fi arătat dacă timpul nu ar fi fost otrăvit de depresie. Poate ai fi ieșit la cafea cu cineva, ai fi dansat, ai fi citit o carte, ai fi sunat un om drag. Scrie detalii vii, simte-le.

Scop: creezi **memorie specifică** acolo unde înainte era doar un gol sau o amintire generală. Psihologia arată că memoria autobiografică precisă este un antidot pentru depresie.

Pasul 3. Ziua din mâine

Alege o dată viitoare (poate chiar mâine). Notează-o: *„Ziua pe care aleg să o trăiesc”*. Scrie un plan foarte simplu, dar clar, cu **trei acțiuni** mici și realiste pe care le vei face pentru a-ți ancora timpul:

O acțiune pentru corp
(ex: o plimbare de 15 minute).
O acțiune pentru suflet
(ex: scriu un gând bun, ascult un cântec care mă liniștește).
O acțiune pentru legătura cu altcineva
(ex: trimit un mesaj sincer unui prieten).

Scop: creezi **viitor pozitiv** – exact ceea ce depresia șterge din percepția ta.

Ritualul final

După ce ai completat cele trei foi, rupe prima *(„Ziua pierdută”)* sau arde-o simbolic într-un loc sigur. Ține celelalte două la vedere, ca să îți amintești că timpul tău poate fi rescris și că nu ești condamnat să rămâi în negru. Acest exercițiu are ceva spectaculos: **îți redă proprietatea asupra timpului**. Îți arată că, deși depresia rupe firul zilelor, tu poți țese din nou povestea ta, cu mâna ta.

Capitolul 8

Depresia zâmbește?

După cei 13 ani în care am fost acompaniată de o prietenie toxică, am avut o perioadă de liniște în care solitudinea m-a ajutat să mă regăsesc. Aveam jobul mult visat, mă plimbam mult și cunoscusem pe cineva care îmi completa liniștea. Mă împlinea această stare, crea în corpul meu o însuflețire care părea ireversibilă. Pluteam, așa, asemeni unui puf de păpădie prin văzduh, fără să mă deranjeze nimeni. Eram ușoară, fără regrete, fără așteptări și promisiuni deșarte. Șase luni am ținut-o tot așa, când, într-o zi, am fost nevoită să îmi dau demisia din motive pe care nici acum nu le înțeleg.

Era nevoie de scalare, de evoluție și, deodată, m-am regăsit în fața ei. Sincer? Nici nu știu când a apărut, dar odată reapărută a fost și mai rău. Venise cu tot cu amețeală, cumva să mă certe, să îmi reproșeze că am alungat-o. Ce a urmat? Urgență, spitale, medici, haos, ceață mentală, zbucium. Își despachetase complet toate catrafusele și era gata instalată. O fostă colegă, care a auzit despre „amețelile" mele, mi-a sugerat un neurolog bun. Am fost. Mi-a recomandat antidepresive. În tot dezechilibrul meu, am luat, deși știam că nu e cea mai bună alegere. Voiam cu toată puterea ca în această nouă viață să revin cât mai repede la normal. Cum le-am simțit în acel moment? Viclean, incert, inapt. Toate capacitățile mele cele mai bune și cele mai intense amorțiseră. Ca și cum eram în anestezie completă. Pasiunile mele, inclusiv cea sexuală, erau anihilate. Scrisul meu devenise aspru, lumea din jurul meu, la fel și o ghidam să fie așa. Îmi găsisem un nou job, la o editură și mai renumită decât cea precedentă, și eram foarte mândră de mine. Doar că, acolo, pe umărul meu drept, era cineva care încontinuu îmi șoptea: „Nu ești capabilă să faci asta, nu ești de ajuns, nu ești suficientă, nu te place nimeni.".

Următoarele șase luni au fost terifiante. Intrasem într-un haos infernal, într-un incendiu în care sufletul meu ardea și eu nu îmi dădeam seama de ce. Complet pierdută de mine, am continuat așa, dar fără antidepresive, să hoinăresc cu prietena mea, de mână, în viață, în noua viață, mai exact: noul job, noua relație, noua eu. Parcă și depresia mea era nouă. Totul era nou, dar extrem de bulversant. Mă întorsesem, DIN NOU, paradoxal, la ceea ce fusesem și nu îmi era deloc străin asta. Deși mă zbăteam într-un chin lăuntric foarte mare, devenisem atât de mică și nesemnificativă încât nici eu nu mă mai puteam privi sau găsi. A urmat a doua demisie — normal, nu mă suportam nici acolo — apoi a treia, apoi a patra. Toți cei apropiați mă întrebau dacă sunt bine: „Sunt bine", am zis mereu, cu zâmbetul viclean pe buze.

„Sunt lângă tine orice s-ar întâmpla", îmi spunea noua mea iubire, dar nu îl credeam. Aveam impresia că mă minte și că nici măcar bunătatea și loialitatea lui nu le merit. Într-o zi, am avut impresia că voi pierde totul, inclusiv pe mine. Ce era paradoxal? Că nu știam și nici nu conștientizam prezența acelei intruse în viața mea.

În acea zi, ajunsă, din nou, pe marginea prăpastiei, am pus mâna pe telefon și am zis: „Alo, Dana, vreau o programare la terapie.". M-a primit a doua zi, știind că sunt într-o stare deplorabilă. „Alexandra, întoarce-te acasă. Ia-te de mână și mergi acasă la tine. Întoarce-te, fetiță. Nu ești bine, conștientizează!".

Normal că știam că nu sunt bine. Și am înțeles ceva: **asta e depresia mea care zâmbește viclean**. Dar cine naiba s-ar fi gândit că ea poate reveni atât de ușor? Cine s-ar fi gândit că își poate instala catrafusele așa, de parcă ar fi venit toamna și eu eram obișnuită cu asta?

În toată această perioadă am zâmbit și am plâns în același timp. Dacă nu acționam la timp, această depresie, mai mult ca sigur, s-ar fi putut transforma cu ușurință în ceva mult mai complicat. Dar, cumva, pregătită deja pentru această despărțire, a fost mult mai ușor, iar regăsirea, și mai frumoasă. Pentru că de data aceasta am găsit-o pe femeia mult mai docilă și mai sigură de ceea ce ține în propriile mâini.

Depresia care funcționează la exterior — atât de vicleană — a reușit, pentru a doua oară, să mă ducă prin văgăunele ei. Devenisem o formă mascată, în care persoana în cauză – eu – își îndeplinea sarcinile zilnice, dar era copleșită emoțional. Funcționam, dar în derivă. Poate aveam succes exterior, dar purtam un gol interior care nu se vedea la suprafață și asta modifica totul în jurul meu, până și relația frumoasă pe care o construisem. Este una dintre cele mai greu de detectat forme de depresie pentru că se camuflează perfect în „normal".

Ea mi-a spus ceea ce nu eram cu adevărat, mi-a făcut să-mi pierd încrederea în mine, în ceea ce scriu, în ceea ce sunt. Am simțit rușine, vină, m-am autosabotat. M-am rugat mult în acea perioadă să mă reîntorc la mine.

Pentru că, da, să nu crezi că astăzi mi-a zis terapeuta „Alexandra, fugi acasă" și în ziua respectivă am și ajuns. Nu, nu e chiar așa. Am început din nou sesiunile de meditație, am început din nou să citesc, să am răbdare și să scriu în jurnalul meu. În tot acest timp am fost, cumva, între două lumi: cea în care depresia încă mai trăgea de mine și cea în care eu plecam. Au urmat o serie de reveniri foarte conștiente, care, de data aceasta, au fost și mai intense. Am avut multe resurse, plus susținere și iubire care m-au ajutat să-mi conturez autenticul. Asta pentru că mi-am dorit cu orice preț revenirea acasă.

Da, toate anxietățile mele au revenit pe un fond de rătăcire, de preluare a gândurilor vechi care nu erau suficient de bine îngropate. Că, deh! După cum mi-a zis cineva la un interviu: „artiștii sunt pierduți!". Da, chiar mă pierdusem. Dar nu ca un artist, ci ca un om care a permis altor oameni să îmi dicteze existența. Pentru că da, de cele mai multe ori depresia se instalează în prezența altor oameni. Pentru că permitem să scoată la suprafață acel chin lăuntric care a existat cândva și nu a fost suficient de bine „înmormântat".

Poate a adormit, poate încă e letargic, dar sunt oameni care sunt capabili să apese butonul de start, iar noi să permitem asta. De ce? Pentru că încă nu am învățat să spunem „nu" răspicat și să ne eliberăm fricile. Frica, teama aceea constantă de eșec, provine din surse atât de nebănuite și are un istoric atât de bine ascuns, încât, da, de multe ori e foarte greu să înțelegi de ce.

Antidepresive sociale
Depresia pe Instagram

Dar hai să îți spun ce m-a ajutat să îmi recapăt echilibrul. Cu toții avem o voce interioară. Da, nu există scuze pentru asta! Dar pentru a-i da speranță să se facă auzită e nevoie de liniște, multă liniște. Iar în ziua de astăzi, liniștea chiar nu se mai știe ce înseamnă cu adevărat. Se crede că relaxarea pe telefon este benefică, că scroll-ul intens pe rețelele sociale, tolănitul pe canapea și caracteristica de „cinefilm" conturează liniștea unui om paralizat în fața unui haos social. Nu e chiar așa!

Oamenii liniștiți, sănătoși, capabili să își conștientizeze propria limită a vieții, nu au timp să dea scroll vieții pe rețelele de socializare.

Anxietatea și depresia, însă, o fac. De acolo vin și neajunsurile, din comparările repetitive: ce vezi în online la alții și ce nu ai tu. Să îți spun un secret, unul pe care, da, mi-l asum și mi-aș dori să îl afle o lume întreagă: absolut tot ce vezi pe rețelele de socializare sunt antidepresive sociale extrem de toxice pentru toți cei care afirmă că anxietatea și depresia i-a invadat cândva. Și nu doar! Pentru că aceste rețele sociale sunt și provocatoare de depresie socială, una atipică, bănuiesc.

Cum m-am ajutat să îmi recapăt echilibrul?

Cunosc, personal, foarte mulți oameni care activează în social media, inclusiv pe mine. Și, nici pe departe, viața nu este aceeași cu ceea ce vezi în online. Descoperind asta, m-am hotărât să renunț. Nu la prezență, ci la a-mi da scroll vieții pe Instagram. Am ales să ies din casă fără telefon, să merg mult mai mult, să alerg, să uit că oamenii sunt perfecți și chiar să mă eschivez de perfecționism — o altă latură toxică a anxietății.

Ce s-a întâmplat în câteva luni? S-a făcut, din nou, liniște. Haosul a dispărut și așa am înțeles cât de benefic este să cern prin sita mea emoțională tot ceea ce, inevitabil, voi primi de la societate. De atunci am devenit și sunt în proces de reconstrucție. Se lucrează mult. Restaurarea e musai să fie completă, pentru că, nu-i așa, viața nu va fi niciodată pe repeat.

Depresia funcțională e cea care zâmbește ca pe Instagram

E masca perfectă pe care o porți atunci când nu vrei să întrebi nimic, dar ai vrea ca cineva să observe că îți tremură mâinile. E zâmbetul în fața oglinzii, dar înăuntru ești atât de obosit încât ți-ai dori să te ascunzi într-un sertar, să nu te mai găsească nimeni. Ai job, relație, faci glume la cafelele cu colegii, ești productiv, creativ, dar în același timp trăiești o viață interioară haotică, surdă, dezordonată. Asta e depresia funcțională – nu are semne evidente, nu urlă, nu plânge pe holuri, dar îți mănâncă zilnic puțin din curaj, din sens, din piele, nu-i așa?

Am citit că afectează peste 3,5 milioane de oameni doar în Statele Unite. Sunt oameni „bine", oameni „ok", care se descurcă, dar care nu mai știu ce înseamnă bucuria reală. Care nu mai simt, nu mai trăiesc, ci doar funcționează. Nu e o depresie „mare", așa cum o înțeleg unii – e una lungă, tăcută, perfidă. Așa cum am menționat în Capitolul 4, când ți-am povestit despre hemoragia de tristețe, o parte dintre cercetători o numesc „distimie" sau tulburare depresivă persistentă. Nu e neapărat severă, dar e acolo, zi de zi, lună de lună, an după an. Îți intră în sânge, îți reconfigurează vocea, îți schimbă ritmul pașilor. Devii lent și nici nu-ți dai seama. Devii iritat, dar tot tu îți ceri scuze. Îți pierzi gustul pentru viață și spui: „sunt doar obosit", „e doar o perioadă aglomerată".

Am fost acolo. Și știu că e ușor să te păcălești că totul e ok, mai ales când viața ta pare pusă la punct. Dar nu e. În spate, corpul plânge, sufletul tace și inima simte că nu mai are unde să locuiască. Psihologii spun că până la 75% dintre cei care trăiesc cu această depresie o duc ani la rând fără conștientizare, pentru că e prea bine camuflată. Pentru că lumea ne învață că trebuie să fim bine, să arătăm bine, să spunem că suntem bine – iar tulburarea depresivă persistentă (distimia) exact asta face: zâmbește ca pe Instagram!

Rețelele nu sunt „rele”; sunt **intense**. Pentru mine au devenit **antidepresive sociale**: doze rapide de atenție și apartenență, urmate de coborâre. M-au hrănit cu **comparație** și **rușine**. Nu generalizez — poate la tine e altfel. Dar dacă observi același mecanism, cheamă **dozajul** și **intenția**: intri ca să te conectezi sau ca să te amorțești?

Ce m-a ajutat concret:

Ferestre fixe: două pe zi, câte **20 de minute** (ex.: 12:30 și 19:30).
Fără notificări: păstrez doar apeluri și mesaje de la oameni reali.
Curățenie de feed (30'): mute/unfollow la ce mă micșorează; adaug 3 conturi care mă aduc în prezent (natură, artă, educație blândă).
Înlocuire reală: 30' de scroll = 12–15' mers + 5' jurnal + 5' respirație.
O oră fără ecran înainte de somn.

Tehnologia îmi este un aliat de nădejde, dar, ca orice lucru dus la extrem, folosit în proporții mari creează toxicitate. Așa că, am ales să o încadrez, îi las spațiu personal și ei, cât să îmi permită mie să respir!

Exercițiu: „Curățenia feed-ului în 30 de minute"

Setează un timer de 30' și treci prin ultimele 30 de conturi cu care ai interacționat.

Mute/Unfollow la orice te micșorează, te agită sau te face să simți că „ești în urmă"
Păstrează conturile care te aduc în prezent (natură, artă, educație blândă, oameni reali)
Adaugă 3 conturi care îți cresc inspirația (nu ego-ul): un scriitor, un muzeu, un meșteșug
Remap: mută aplicațiile-declanșator în ecranul 2–3; scoate notificările push
Ferestre: alege **două ferestre**/zi de max. **20'** (ex.: 12:30 și 19:30). În rest, **off**.
Înlocuiește 30' de scroll cu: **12–15' mers** fără telefon + **5' jurnal** (5 rânduri) + **5' respirație** (4-7-8)
Un „nu" mic: azi nu deschid aplicația în pat/nu răspund între ferestre

Checklist (bifează după 7 zile):

Dorm mai ușor/nu mai negociez adormirea
Am mai puține momente de comparație
Timpul pe ecran a scăzut cu cel puțin 30'
Am avut cel puțin 3 întâlniri reale (30–60' fără ecrane)
Mă surprind mai des în **prezent** (un detaliu de frumusețe/zi)

Zâmbetul fals de pe Instagram

Dimineața începea impecabil pentru Mara. Totul era calculat la milimetru. Duș rapid, părul prins impecabil, rochia aleasă „suficient de bine” ca să nu piardă timp. Rujul și nuanța aceea de blush care face obrajii să pară odihniți. Telefonul vibra deja cu „Poți tu?”, „Te uiți peste asta?”, „Ai un minut?”. Avea mereu, cum să nu, mereu avea minute pentru toată lumea.

La birou era „Mara cea care rezolvă”. Glume la timp, mail-uri fără greșeală, ședințe duse fără greșeală. „Sigur, mă ocup eu”. Stories cu apusuri prin filtrul cald, flori pe masă, un citat bun la prânz, poze cu ea veselă. Toată lumea o iubea pentru felul în care făcea lucrurile să pară ușoare. Și chiar erau — pentru ceilalți, dar pentru ea?

În lift, spre seară, cheile îi cădeau din mână și stomacul se făcea mic, ca un pumn. Strângea din dinți și zâmbea oglinzii: „Suntem bine.”. Acasă, televizorul pornea singur, și nu că ar fi fost interesată de ceva, ci pentru zgomotul care acoperea bătăile grăbite ale inimii. Pe canapea, telefonul era și el o perfuzie cu imagini: vacanțe, bebeluși, corpuri lucitoare, case care miros a nou. Un ocean de „uite cum se poate”. Scroll. Încă puțin. Încă o dată. La miezul nopții adormea în aceeași poziție, cu gâtul înțepenit și cu promisiunea de mâine: alergare, mic dejun bun, puțin timp pentru ea. Mâine. Mâine venea și pleca. În loc de alergare, două espresso. În loc de mic dejun, un covrig mâncat în picioare în metrou. În loc de timp pentru ea, încă un „Sigur, fac eu”. Conexiunea cu sine era fir subțire, uneori inexistent. A început s-o observe când s-a uitat în dulap: toate rochiile frumoase îi veneau bine, dar niciuna nu-i mai plăcea. Erau croite pentru viața pe care o juca, nu pentru viața pe care o simțea. Zâmbea publicului; în culise, o femeie obosită își căuta respirația.

Într-o marți, a uitat să trimită un fișier. Unul singur, din mii trimise la timp. A plâns cinci minute în toaleta de la etajul doi. S-a privit în oglindă și a văzut masca: lucioasă, perfectă, lipită strâns. Și, pentru prima dată, a recunoscut: „Nu sunt bine.”.

A ținut fraza în buzunarul de la piept o zi întreagă, ca pe o pietricică. Seara, a coborât din autobuz cu o stație mai devreme. A lăsat telefonul în geantă, închis. A mers douăzeci de minute pe străzile dintre blocuri. Aerul rece, trotuare cu frunze, un câine care s-a oprit s-o privească. S-a oprit lângă primul copac mare din cartier și și-a pus palma pe scoarța lui. Nu a venit nicio revelație. Doar o propoziție clară: „Sunt obosită. Mă opresc.”

A trimis atunci două rânduri unei prietene: „Nu mai pot duce singură. Stai cu mine două minute?”. Prietena i-a răspuns cu un „Da" care a ținut loc de terapie. Acasă, a închis televizorul, a aprins lampa caldă și a scris cinci rânduri într-un caiet cu coperți tari (așa cum i-a zis prietena ei să facă): *Ce simt? Unde simt? De ce am nevoie? Ce e la îndemână? Ce fac acum?* A băut apă, a mâncat ceva ușor și cald, a mers la culcare fără telefon. Într-o zi nu i s-a reparat lumea, dar s-a reparat direcția.

Zilele următoare n-au fost perfecte, nu avea cum, erau multe de recuperat. A vrut să se întoarcă la vechiul ritm de câteva ori. A simțit rușine că „nu mai poate". A deschis din reflex aplicațiile. Dar a păstrat câteva reguli mici, cât o palmă:

> două ferestre/zi de câte douăzeci de minute pentru rețele; în rest, notificări oprite;
> douăsprezece – cincisprezece minute de mers fără telefon, zilnic;
> o oră fără ecrane înainte de somn;
> o masă simplă repetată trei zile;
> un „nu" mic rostit în fiecare zi;
> mesaj de două rânduri unui om-siguranță, când aluneca.

La birou, a învățat să spună „Azi pot X, mâine Y. Restul nu încape.". N-a venit sfârșitul lumii; au venit două-trei priviri agere, dar care au înțeles. Acasă, a strâns încet din perfecționism: casa locuibilă, nu muzeu; raport suficient de bun, nu lustruit până la epuizare. Și-a curățat feed-ul într-o duminică dimineață: mute/unfollow la ce micșora, trei conturi noi care o aduceau în prezent (natură, artă, educație, psihologie). A păstrat pe frigider un dialog scurt cu perfecționistul din ea: „Dacă nu e perfect, nu există" → „**Suficient de bine azi** e o victorie.".

După două săptămâni, nu a devenit alt om, ci a redevenit ea. Îi revenea pofta de mic dejun și respecta asta, câteodată râdea scurt fără motiv, îi era mai ușor să pună o limită. Când se surprindea pe vechiul drum, își punea palma pe piept și își spunea: „Sunt aici.". Zâmbea. Dar zâmbetul acela nu mai ținea loc de viață pentru că acum o simțea. Ea era viață.

Chei de ieșire (aplică 2–3 timp de 14 zile):

Adevăr scurt: „Azi nu sunt bine." (spus unui om-siguranță)
Corp: **12–15' mers** fără telefon, zilnic.
Ferestre digitale: 2 × 20'/zi, fără notificări în rest.
Ritual de seară: o oră fără ecrane + 5 rânduri în jurnal (ce simt, unde simt, ce am nevoie, ce e la îndemână, ce fac acum).
Un „nu" mic pe zi (față de ceva ce te stoarce: scroll în pat, task în plus, conversație care te micșorează).

Întâlnire reală: 30–60'/săptămână cu un om care te ține de mână (fără ecrane).

Dacă după 2–3 săptămâni rămâi la același nivel de gol (sau apar gânduri negre), cere ajutor specializat. Ajutorul nu îți ia demnitatea. Ți-o întoarce.

Perfecționismul și sindromul „totul e ok”

Ce armură grea am purtat și, nu neg, încă mai port pentru protecție. Cumva, acest sindrom, dar rostit conștient, poate salva mai mult decât fraza: „sunt în depresie”.

Eu, personal, nu cred că am rostit vreodată această frază și nici nu o voi face, pentru că, așa e, nu am suferit de ea. În schimb această mică minciună mare: „sunt ok”, m-a salvat de sute de ori mai bine decât îngroparea într-o stare care nu îmi aparține.

Perfecționismul, da, m-a epuizat. Ani la rând mi-am dorit și eu, ca și Mara, ca totul în jurul meu să fie perfect așezat, pentru că haosul din mintea mea era colosal. Și, normal, unde să fac ordine mai ușor, mai bine în exterior, decât în interior, nu-i așa?

Am petrecut ani mulți aranjându-mi casa la linie. Exces în curățenie, rufe călcate, parchet lustruit, camere cu miros îmbietor, iluzii apretate, gânduri lustruite. Și, chiar și așa, tot aveam impresia că este mizerie. Tot mi se părea că totul este murdar și că tot ce este în jur mă sufocă cu praf. N-am scăpat ușor de acest perfecționism, chiar deloc, chiar dacă mi-a afectat și sănătatea exploatându-l la maxim. Paradoxal e că atunci când scriam nu simțeam nevoia să fiu perfectă. Acolo eram conștientă că imperfecțiunea e rigidă, o simțeam că supără și e prea greoaie.

Perfecționismul meu era armura pe care o purtam ca să nu fiu abandonată, judecată. Dar armura asta nu m-a protejat – m-a strâns.

Cercetările în psihologie descriu perfecționismul ca pe un factor major de vulnerabilitate pentru depresie: formele maladaptative (rigide, autocritice, bazate pe teama de judecată) se asociază cu stres cronic, anxietate și rușine existențială (Hewitt & Flett, 1991; analize ulterioare confirmă legătura). Perfecționismul și ceea ce numesc în această carte depresie funcțională *(tulburare depresivă persistentă — distimie)* fac adesea perechea perfidă: la exterior ești productiv(ă), la interior te simți gol(ă) de sens. Spui „sunt bine" din reflex, pentru că lumea te-a învățat că trebuie să fii bine; dar masca aceea e hrănită de frica de eșec, de nevoia de acceptare și de tăcerea emoțională.

Perfecționismul meu, ca și al Marei, nu era o calitate, ci o frică ambalată cu grijă, care-mi dicta că, dacă greșesc, nu voi mai fi iubită.

În literatura clinică, Paul L. Hewitt și Gordon L. Flett descriu perfecționismul ca motor de epuizare emoțională — un amestec între cerințele autoimpuse și cele percepute din partea lumii; modelele contemporane arată că el nu doar crește stresul, ci erodează conexiunea cu ceilalți (așa-numitul „model al deconectării sociale"). Eu am trăit asta: mă pierdeam în detalii, nu mă iubeam pentru ceea ce sunt, ci doar pentru ceea ce livrez. Rezultatele îmi erau scut împotriva rușinii și, în același timp, condamnare interioară. Așa a devenit perfecționismul crucea dusă în tăcere de distimie — o formă care zâmbește, dar fură sensul din fiecare zi.

Sindromul „totul e ok" este minciuna pe care o spunem cel mai convingător — iar distimia și perfecționismul o întrețin constant. Mulți dintre cei care insistă că „sunt bine" sunt, de fapt, cei mai vulnerabili: își țin durerea sub zâmbete, amână sau evită să ceară ajutor, convinși că suferința lor „nu e destul de serioasă". Gândirea perfecționistă te face să minimizezi suferința („n-am dreptul să fiu trist(ă), n-am un motiv suficient"), iar această voce se potrivește perfect cu depresia care funcționează pe dedesubt — te face aproape invizibil(ă) pentru ceilalți.

Legătura dintre ele și drumul spre vindecare: distimia ascunde frici, rușine și vinovăție amplificate de perfecționism; perfecționismul oferă iluzia controlului, dar tocește autenticitatea și capacitatea de iertare; „totul e ok" preferă tăcerea, pentru că teama de judecată e mai mare decât dorința de a cere sprijin. Când le așezi în lumină și le tratezi ca pe părți ale aceleiași povești (nu ca pe identitatea ta), reînveți să fii văzut(ă): la exterior rămâi capabil(ă), iar la interior începi să fii viu(e).

Soluții cu nume și cercetare

Tratamentul cognitiv-comportamental (CBT) și terapiile relaționale au dovedit eficiență în diminuarea perfecționismului disfuncțional. Paul Hewitt și echipa sa au testat abordări terapeutice care reduc autoexigența și reiau conexiunea socială în mod autentic, cu efecte de durată.

Un studiu longitudinal recent a demonstrat cum perfecționismul maladaptiv este corelat cu simptome persistente de depresie și anxietate în rândul studenților, mediind stresul academic și preocuparea excesivă pentru greșeli.

Test: Cum recunoști depresia la tine și la ceilalți?

Poți să te uiți în oglindă, să te aranjezi și să zâmbești impecabil, iar în același timp, în interiorul tău, să urli. Poți să mergi la muncă, să răspunzi tuturor mail-urilor, să eviți conflictele, să nu întârzii niciodată și, în același timp, să fii atât de departe de tine încât să nu-ți mai amintești cine ești cu adevărat. Depresia nu e doar lacrimi vărsate, izolare sau abandon. Uneori, depresia poartă rochie, pantofi cu toc și ruj roșu și chiar e foarte punctuală. Uneori face glume bune. Uneori ajută pe alții, dar nu se mai poate ajuta pe sine. Și tocmai de aceea e greu de văzut, pentru că o persoană funcțională, performantă, empatică poate suferi cumplit în tăcere, fără ca cineva să o întrebe cu adevărat: „Tu chiar ești bine? Sau doar știi cum să pari?”.

Am făcut un test pe mine și pe oamenii din jurul meu, apoi am adunat câteva semne, întrebări și tăceri care pot ajuta. Nu e un test standardizat, dar e un început de conversație sinceră cu tine sau cu cineva drag.

Întrebări pentru tine (sau pentru cineva apropiat)

Răspunde sincer:

Te simți epuizat(ă) emoțional, chiar dacă nu faci „nimic special"?
Îți e greu să te bucuri de lucruri care altădată te entuziasmau?
Simți că trebuie să fii „pe fază" mereu, altfel pierzi ceva sau nu ești suficient(ă)?
Îți spui des: „n-am voie să mă plâng, alții o duc mai rău"?
Ai zile în care totul pare în regulă în exterior, dar înăuntru simți un gol apăsător?
Te temi să arăți că ești vulnerabil(ă), ca să nu pari slab(ă)?
Îți pierzi ușor răbdarea sau izbucnești aparent fără motiv?
Eviți oglinda sau conversațiile profunde cu tine însuți?
Simți că ai prea multe de dus, dar că n-ai dreptul să te oprești?
Ai gânduri recurente despre lipsa de sens, dar le alungi repede, să nu „strici starea"?

Dacă ai răspuns „da" la cel puțin 4-5 întrebări, poate că nu ești leneș(ă), slab(ă), instabil(ă) sau „prea sensibil(ă)". Poate că pur și simplu ești într-o formă funcțională de depresie și nu simți asta ca pe e o rușine. E doar un semnal.

Cum recunoști depresia funcțională la ceilalți?

Zâmbește mereu, dar parcă zâmbetul e lipit cu superglue.
Se retrage subtil: nu refuză, dar nici nu mai propune nimic.
Răspunde cu „sunt bine" de fiecare dată, chiar și când vezi în ochii lui/ei un dor de altceva.
Devine hiperactiv(ă): ajută pe toată lumea, doar ca să nu stea singur(ă) cu sine.
E obosit(ă) mereu, dar nu doarme bine.
Se învinovățește ușor. Pentru orice.
Pare că se descurcă impecabil, dar are o privire pierdută în pauze.
E sarcastic(ă), autoironic(ă), glumește pe seama propriei suferințe.
E acolo pentru toți, dar nu cere niciodată ajutor.

Uneori, depresia nu cere ajutor. Doar speră, în tăcere, că cineva o va vedea și va întreba cu adevărat: „Cum ești? Nu ce faci. Ci cum ești tu?".

Testele sunt bune, dar cel mai bun test e prezența și intuiția. Ochii care văd dincolo de zâmbet. Urechile care aud dincolo de „Sunt bine". Inima care simte golul, chiar dacă e învelit în productivitate, responsabilitate și glume.

Dacă ai ajuns până aici și cineva din jurul tău a bifat câteva puncte... poate că e momentul să nu te mai întrebi „Ce face azi?", ci „Ce simte cu adevărat azi?".

Creativitatea ca antidot

Te încurajez să îți cultivi creativitatea. Nu pentru că ar trebui să devii artist, ci pentru că deja ești unul. Fiecare dintre noi creează, chiar și atunci când nu își dă seama. Gândește-te: atunci când gătești o supă pentru tine sau pentru cineva drag, creezi. Când scrii un mesaj plin de emoție, creezi. Când desenezi cu pixul pe marginea unui caiet, fără sens aparent, creezi. Creativitatea nu este un privilegiu al celor care expun în galerii, publică romane sau cântă pe scene. Ea este respirația ta interioară, este felul în care lași viața să curgă prin tine.

În depresie, tot ce este viu în tine pare că își pierde vocea. Culorile se sting, muzica devine zgomot, cuvintele nu mai au sens. Și totuși, exact aici se ascunde antidotul. În momentul în care iei un creion și începi să scrii, chiar și doar câteva rânduri despre cum te simți, faci un act de creație. Nu contează dacă scrisul tău e stângaci, dacă pictura ta seamănă mai mult cu un desen de copil, dacă melodia pe care o fredonezi nu are versuri perfecte. Contează că ai transformat durerea într-o formă vizibilă. Și, odată scoasă afară, durerea nu te mai apasă la fel.

Cercetările psihologice arată că art-terapia are efecte uriașe în tratarea depresiei. Oamenii care pictează, scriu sau cântă, chiar dacă nu sunt artiști profesioniști, își reduc nivelul de anxietate, își regăsesc bucuria de a trăi și învață să își exprime emoțiile într-un mod sănătos. Într-un studiu realizat pe pacienți cu depresie severă, cei care au pictat liber timp de câteva săptămâni au raportat o scădere semnificativă a simptomelor și o creștere a încrederii în sine. De ce? Pentru că actul creativ le-a redat sentimentul că pot construi ceva, că pot da formă haosului interior.

Așa că nu îți mai spune că nu ai talent. Nu asta contează. Dacă scrii, scrie pentru tine. Dacă pictezi, fă-o pentru tine. Dacă asculți muzică, lasă corpul să danseze chiar și două minute în mijlocul camerei. Știi ce faci atunci? Îți amintești că ești viu. Și depresia nu suportă asta.

Gândește-te la toți marii artiști care au transformat suferința în capodopere. Vincent van Gogh, Sylvia Plath, Frida Kahlo – toți au cunoscut durerea, dar au refuzat să o lase să îi reducă la tăcere. Au lăsat arta să vorbească pentru ei. Și, deși poate nu ne dorim aceeași cale dramatică, putem învăța ceva esențial de la ei: durerea, atunci când e transformată în creație, își pierde colții. Devine culoare, muzică, cuvânt, imagine. Devine viață.

Aș vrea să te gândești acum la un moment în care ai creat ceva mic, dar care ți-a adus liniște. Poate ai gătit o prăjitură, poate ai făcut o fotografie, poate ai desenat un copac. Cum te-ai simțit? Îți spun eu: ai simțit pentru câteva clipe că aparții lumii, că ceva din tine are valoare. Asta face creativitatea. Îți dă sentimentul de apartenență, de semnificație, exact ce depresia încearcă să îți fure.

Și pentru că nu vreau să rămâi doar cu teoria, îți las aici un exercițiu.

Exercițiu vizual: „Colajul depresiei"

Ia câteva reviste, ziare sau chiar printuri de pe internet.
Decupează imagini, culori, cuvinte care simți că descriu depresia ta: poate un nor negru, o față tristă, un cuvânt care doare.
Lipește-le pe o foaie mare, fără să te gândești prea mult la estetică. Lasă-le să vorbească.
Apoi, într-un colț al aceleiași foi, începe să adaugi imagini și cuvinte care reprezintă ce ți-ai dori să simți sau să trăiești: un zâmbet, o floare, un loc, o culoare.
Privește colajul rezultat. Este harta ta emoțională. Este dovada vizibilă că între durere și speranță există un spațiu comun, iar tu poți să umpli acel spațiu cu viață.

Creativitatea chiar este un act de supraviețuire. Este modul prin care îți spui ție și lumii: „Încă sunt aici. Încă pot crea. Încă pot trăi."

Capitolul 9

Fiecare titlu din această carte este o poveste, iar fiecare poveste are în ea un chip, o voce, un suflet care s-a confruntat cu depresia. Până acum ai auzit glasul meu și alte povești în care poate te-ai regăsit, dar nu sunt singurele. Există atâtea alte istorii, rostite sau nespuse, care merită să fie aduse la lumină.

Am cunoscut oameni care mi-au încredințat fragmente din întunericul lor. Uneori cu voce tremurată, alteori cu tăceri care spuneau mai mult decât orice cuvânt. Fiecare dintre ei a trăit altfel durerea, dar toți au avut același drum dificil: să înțeleagă ce i-a adus în întuneric și ce i-a ajutat să iasă la lumină, să iubească din nou viața. În paginile care urmează vei citi mărturii reale. Nu sunt povești înfrumusețate, nici teorii reci, ci fragmente de viață. Poate că te vei regăsi într-una dintre ele sau poate că îți vor aminti de cineva drag. Important este să înțelegi că nu ești singur și că depresia, oricât de personală și unică ar fi, se leagă uneori și de poveștile altora.

Mărturii din alte voci

E nevoie să mă obișnuiesc cu această durere de despărțire? Să învăț să trăiesc cu ea?

Durerea... ce este durerea unui zbucium sufletesc? Există pansament pentru asta? Mă întreabă o prietenă proaspăt trecută printr-o despărțire. Cumva empatizam cu ea foarte bine. Ne aflam în aceeași perioadă de zbucium.

Știi, durerea aceasta sufletească pe care o trăim noi acum, cercetătorii o numesc *„depresie post-ruptură"* sau *„depresie de abandon afectiv"*. Este o formă particulară de episod depresiv declanșat de pierderea unei relații importante, iar studiile arată că, în primă fază, creierul activează aceleași zone ca în cazul durerii fizice.

Psihologul Guy Winch, în cartea sa *How to Fix a Broken Heart,* vorbește despre această suferință ca despre un proces comparabil cu sevrajul, în care substanțele asociate cu atașamentul – precum dopamina și oxitocina – se prăbușesc. Un alt cercetător, Edward Smith, de la Columbia University, a demonstrat prin scanări RMN că respingerea romantică activează cortexul cingular anterior, zona asociată cu durerea fizică reală.

– Ei, na, acum și suferința din dragoste mai poartă un nume și este cercetată, spune ea, răzbunător. Suferim și gata, adaugă și apoi iarăși îi vine să plângă.

– Nu e doar asta, mai e și durerea identitară. Când investești tot în celălalt, când uiți cine ești, când devii dependentă. Și când pierzi relația, ai impresia că pierzi tot. Inclusiv pe tine. Psihologii vorbesc despre „pierderea de sine în cuplu" și despre cât de greu e să reconstruiești o identitate care a fost fuzionată cu celălalt.

– Da, și există un leac măcar? Dacă tot au făcut atâtea cercetări? spune din nou zeflemist și ironic, caracteristic ei.

– Ar putea exista, desigur, adaug stânjenită pentru că știam că va riposta.

– Nu există nimic, tu nu vezi? Și își toarnă următorul pahar cu vin. Doare ca naiba și gata. Poate o să mor cândva. Sper să vii la înmormântarea mea.

Știam ce e în sufletul ei, desigur că știam. Am trecut și treceam, din nou, prin ceva asemănător, doar că eu știam să ascund mai ferm asta.

– Tu ești mult mai puternică decât mine. Cum reziști?

– Mă rog mult, meditez, mă plimb.

– Tu și rugăciunile tale. Nu cred în asta, mă întrerupe fără a mă lăsa să mai continui.

Nu am încercat să o mai conving cu nimic. Durerea ei era fără margini și vedeam, de la o zi la alta, cum îi frânge corpul și sufletul. De nerecunoscut. De la femeia plină de viață la femeia plină de lacrimi. Pentru că un bărbat nu a știut să o prețuiască și să îi ofere ceea ce merita. Ori, pentru că ea se încăpățâna să ofere prea mult și să nu mai primească nimic înapoi, decât dezamăgire.

Nu a acceptat situația foarte mult timp. Mergea la terapie, dar se încăpățâna cu totul să accepte și să înțeleagă situația. I. era devastată și avea impresia că toată lumea ei se termină acolo, la: „nu sunt pregătit pentru o relație" al unui bărbat nesigur pe el, nu pe ea.

E nevoie în acest caz să se fi obișnuit cu durerea? Să se zbată în chinurile ei ani la rând și să trăiască în această agonie până la epuizare? Nicidecum. Acum, dacă îi spun cum era atunci, răspunsul ei este: „Am fost o proastă!".

Desigur, momentul a trebuit trăit și, cel mai sigur, de tras învățăminte. Pentru că, da, au fost oameni care au transformat această suferință în boală. Boală fără leac.

După câteva luni de suferință primesc mesaj de la ea: „Vreau să îmi spui și mie ce rugăciuni ai spus, cum trebuie să meditezi, ce afirmații spui.". M-am bucurat foarte mult să văd acel mesaj și i-am zis ca timp de nouă marți să țină post și să spună rugăciunea Sfântului Anton. Ajută la găsirea liniștii și a echilibrului interior.

– Meditația. Găsește cel mai liniștitor colț al casei tale, pune pe fundal o melodie care să te ajute să te relaxezi. Inspiră, expiră. Concentrează-te pe minte, focusează ceea ce ai negativ ca pe niște nori pe cerul de deasupra ta. Apoi, alungă unul câte unul. Odată cu ei vor pleca toate gândurile negative. Respiră, inspiră și vizualizează-te întinsă pe iarbă, cerul senin ca lacrima e deasupra ta. Ești liniștită, relaxată, fără niciun fel de durere lăuntrică. Simte această stare ca parte din corpul tău. Dă voie luminii să te cuprindă, să te încălzească, să te facă să plutești. Rămâi acolo cât poți, cât ți-e bine, iar când revii, mulțumește pentru tot.

Afirmații: *„Sunt iubită, sunt aleasă, sunt prioritatea, sunt pe primul loc în viețile tuturor, sunt protejată, am încredere constantă în mine.”*. Aceste afirmații îți vor ajuta mintea să se obișnuiască, din nou, cu ceea ce ești în realitate. Când te mai invadează gândurile negative, alungă-le la fel cum ai alungat și norii și rostește din nou afirmațiile. Fii recunoscătoare pentru tot și mulțumește Universului și lui Dumnezeu pentru tot ce vine bun în viața ta și răul care pleacă. I-am scris într-o zi.

După câteva luni, mi-a mulțumit. Cunoscuse pe cineva și era fericită! Cu siguranță rana va rămâne acolo, dar durerea nu. Este ca rana copilăriei – e nevoie de una ca să ne amintim că am fost copii.

A suferit din dragoste până la cancer...

I-aș fi spus că totul are o limită și că nu poți forța pe cineva să iubească, dar nu i-am zis, cu siguranță nu m-ar fi crezut. Mulți prieteni din jurul lui M. și, mai ales, familia i-au zis că trebuie să se oprească. Dar cum poți opri ceea ce simți să nu mai simți? Mai ales dragostea, această catastrofă care transformă omul în tot ce n-a fost?

Ea – cea pentru care și-ar fi dat și ultima picătură de lumină – nu i-a cerut nimic. Nu l-a rugat să rămână, nici să plece. A fost acolo și, dintr-odată, nu a mai fost. Nu pentru că nu i-ar fi păsat, ci pentru că nu avea unde să primească. Poate era prea tânără. Poate prea frântă. Sau poate pur și simplu nu-l iubea.

A suferit atât de mult după ea, în scris, în nopți, în absolut tot ce făcea, încât corpul a început să respingă. Alcoolul, desfrâul, tumultul sufletesc l-au condus încet și sigur, în câțiva ani, spre un cancer care i-a amenințat viața. Dar nu a făcut-o. Pentru că, în acest caz, dragostea chiar a câștigat – dar dragostea și dorul de sine.

Când sufletul urlă și nu e ascultat, corpul îl preia. Studiile din psihosomatica modernă arată că emoțiile reprimate, mai ales cele de durată, cresc riscul de boli cronice, inclusiv cancer.

La el, corpul a început să țipe prin celule, prin tăceri dureroase care au devenit tumori.

Mi-a scris într-o zi:

– Mă însor.

– Cu cine? Îl întreb curioasă.

– Cu moartea!

N-am știut ce să-i răspund decât că sunt alături de el în ceea ce simte și că, dacă are nevoie de ajutor, sunt prezentă. Mi-a fost foarte greu să știu că un prieten bun ar putea fi doborât de o boală atât de cruntă, dar nu a fost.

Poate a fost o privire de medic care i-a spus: „Dacă mai continui așa, nu mai ai mult.". Sau poate doar o dimineață banală în care și-a văzut chipul în oglindă și nu s-a mai recunoscut. Ceva s-a rupt în el. Și, odată cu asta, s-a și refăcut. A avut grijă să trăiască, să înțeleagă că tot ce e dăruit în exces, mai ales din resurse proprii, epuizează.

Uneori, ca să te întorci la tine, trebuie mai întâi să pierzi tot. Până și sănătatea. Ca să înveți, într-un târziu, că tu n-ai voie să lipsești din propria viață. Nici măcar pentru dragoste.

Cum se maschează durerea?

L. avea aproape 70 de ani, dar părea de 90. Avea dinții rari și purta ochelari de soare chiar și noaptea. Din cauza drogurilor îl deranja lumina. Avea pantofi roz neon, o pălărie de cowboy, cercei în ambele urechi și unghiile lăcuite cu negru. Nimic din ce purta nu era potrivit locului în care fusese „îngropat": un azil cu pereți bej, unde toți păreau că nu mai așteaptă nimic. El, în schimb, încă mai cerea, mai urla la viață, își mai bea amarul sorții. Mai fura. Mai râdea isteric. Mai seducea asistentele, și chiar pe unii dintre pacienți. Avea o privire agitată, ochi de copil flămând care nu s-a săturat niciodată cu adevărat. Fusese un bărbat frumos, se înțelegea asta, dar ce folos că ales să-și schimonosească viața? Pentru prima dată, a acceptat să stea de vorbă cu psihologul. Nu pentru că își dorea, ci pentru că îl obligase conducerea. Intrase într-un conflict dur cu un alt pacient și cineva trebuia „să-l evalueze".

– Să începem cu copilăria, a zis psihologul, calm.

– La șapte ani mă uitam la mama mea bătută de tatăl meu. Apoi, moartă, într-un sicriu alb. N-a fost zi de-atunci să nu port imaginea aia în mine. Nici măcar când mă droghez nu pleacă. Nici măcar când fac sex. E acolo. Miroase a formol.

– Ce a urmat după?

– Nimeni n-a mai vorbit despre ea. Nici despre el. Ca și cum n-ar fi fost. M-au crescut bunicii. Habar n-aveau ce să facă cu un copil atât de tăcut. Așa că m-au închis într-un internat. De acolo, am fugit. Am trăit prin cluburi, pe străzi, prin dormitoare în care se stingea viața. Mă foloseam de corpul meu ca de o armă. Îl îmbrăcam în haine colorate, în droguri, în râs, în zgomot ca să nu se mai audă frica care îmi urla în urechi în fiecare secundă.

A tăcut.

– Toată viața mea am fost un mare bufon. N-am știut niciodată să cer altfel iubire.

A plâns. Apoi a spus cu o voce pierdută:

– Am avut un câine odată. Singura ființă care m-a iubit cu adevărat. Nu l-am putut păstra. M-a înspăimântat acea iubire și, de frică să nu-l pierd, l-am înstrăinat pe Lucky.

– Acum, ce ai vrea să primești?

– Nici nu mai știu. Dacă ar exista un singur om care să nu plece m-aș bucura să îl cunosc. Să nu se teamă de mine. Să mă vadă, așa cum sunt: obosit, dar viu. Rănit, dar întreg. Să mă vadă și să nu se sperie.

– Poate acel om să fii tu?

A zâmbit pentru prima dată. Și, pentru prima dată, în ochii lui am văzut un bărbat. Nu doar o rană care se îmbracă extravagant. Un bărbat care începea, pentru prima dată, să se audă. Uneori, în spatele unei vieți scandaloase, nu e un om rebel, ci copilul care n-a fost ascultat niciodată când tăcerea ar fi avut nevoie de atât de multe răspunsuri. Ani la rând și-a camuflat durerea sufletului, transformată în depresie. Și-a ucis caracterul și personalitatea, deghizându-le în haine care nu îi aparțineau pentru a se ascunde de lume.

Poveste: Pierderea identității

Avea cinci ani și o tăcere grea în privire. Nu plângea în fața oamenilor, dar noaptea urla. Se trezea cu tot corpul încordat, cu pumnii strânși și cu ochii în lacrimi, fără să-și amintească prin ce tocmai trecuse. Nu mai spunea povești cu zâne. Nu mai alerga. Nu mai întreba nimic. Doar tăcea. O tăcere care îngheța aerul din jurul ei. Alina și-a pierdut mama într-un mod greu de înțeles chiar și pentru un adult. Cancerul a luat-o repede, dar nu înainte ca fetița să o vadă slăbind și suferind. De atunci, mama a rămas doar spirit. Uneori, fetița spunea că o simte pe perna de lângă ea. Că vine noaptea și o mângâie. Alteori, își lua păpușile, le punea în linie dreaptă, le privea pe rând și apoi o arunca pe una cât colo, spunând cu voce tăiată: „Tu ești rea. M-ai părăsit.".

Tatăl ei, devastat, o privea cum se pierde în durerea care nu putea fi cuprinsă în cuvinte. A încercat să îi vorbească, să o țină în brațe, să o facă să râdă, dar Alina se retrăgea tot mai mult. Așa că a ales calea cea mai corectă. A dus-o la terapie. Timp de două săptămâni, fetița a refuzat să vorbească. Stătea în colțul camerei, uitându-se pe geam sau desenând cercuri care nu se mai închideau. Terapeuta nu o presa. Îi lăsa spațiu. Îi așeza, încet, jucării și păpuși, dar nimic nu părea să treacă de zidul acelei tăceri. Într-o zi, tatăl ei i-a adus un cățeluș. Fetiță, albă, cu urechi pufoase, ochi mari și negri. A intrat cu ea direct în cabinetul terapeutic. Cățelușa s-a apropiat fericită de Alina. Un moment a ezitat, apoi a luat-o în brațe și a început să plângă. Apoi, printre suspine:

– E fetiță, spune terapeuta. Cum o va chema?

– Ca pe mami... răspunde Alina, strângând-o și mai tare.

În psihoterapie, această alegere are o încărcătură profundă. Alina a început, în mod simbolic, un proces de reconectare. Prin acest gest, și-a permis să o păstreze pe mama ei și cu durere, dar și cu dragoste, și acesta a fost primul pas spre a nu cădea și mai adânc în depresia copiilor, care este una foarte greu de vindecat. A transferat nevoia de alinare și dorul într-o relație vie, într-o prezență concretă. Cățelușa nu era înlocuitorul mamei. Era puntea prin care fetița putea să înceapă să trăiască din nou, fără să simtă că o trădează.

În ziua aceea, Alina a zâmbit pentru prima dată. A desenat o fetiță, o inimă și un cățel. Și a spus, simplu:

– Acum, nu mai sunt singură.

Uneori, vindecarea nu vine prin cuvinte mari. Ci printr-o lacrimă, o mângâiere și un suflet mic care vine când crezi că nu te mai poate ajuta nimeni altcineva.

Așa începe, uneori, întoarcerea la viață.

Orice etapă a vieții are propria ei depresie, propriile umbre și feluri diferite de a cere ajutor.

Andrew Solomon, în *Demonul amiezii*, spune că depresia nu este aceeași în copilărie ca în maturitate și nu seamănă deloc în bătrânețe cu cea pe care o trăim în adolescență. Ea se transformă odată cu noi, poartă chipul vârstei și al contextului în care ne aflăm, dar esența rămâne aceeași: o durere care cere să fie ascultată.

În copilărie, depresia este greu de recunoscut pentru că nu se exprimă prin cuvinte. Copiii nu au încă limbajul necesar pentru a descrie absența bucuriei sau greutatea sufletului, așa că depresia lor se ascunde în tăceri, în plâns neexplicat, în crize de furie sau în retragere. Povestea Alinei este poate cea mai grăitoare: o fetiță de cinci ani, care și-a pierdut mama și care, printr-o liniște apăsătoare, a început să spună lumii că durerea ei nu poate fi purtată singură. Solomon vorbește în carte despre cât de devastatoare este depresia la copii, pentru că lovește exact acolo unde se formează identitatea – în siguranța de bază, în atașament, în sentimentul că lumea este un loc în care poți să trăiești. Vindecarea ei nu a venit prin cuvinte mari, ci printr-un gest mic: aducerea unui cățeluș care i-a dat voie să simtă din nou iubirea, fără să simtă că o trădează pe mama pierdută. Aici este lecția cea mai importantă:

depresia copiilor cere prezență, nu explicații. Căldură, nu raționalizare. Un spațiu în care copilul să știe că nu este singur, chiar dacă nu știe să spună ce simte.

În adolescență și în tinerețea adultă, depresia îmbracă de multe ori forma unei drame existențiale, a unei lupte cu iubirea, identitatea și sensul. Este perioada în care totul se trăiește cu intensitate, iar pierderea dragostei pare echivalentă cu pierderea întregii lumi. Povestea prietenei care s-a prăbușit după o despărțire vorbește exact despre acest tip de depresie. Psihologia numește această durere „depresie post-ruptură" și o compară cu un sevraj: creierul intră în lipsa substanțelor de atașament, iar corpul reacționează ca și cum ar fi rănit fizic. Solomon confirmă: adolescența și tinerețea sunt cele mai vulnerabile la depresii care par să pornească din iubire, dar care, de fapt, au rădăcini mai adânci în frica de a pierde identitatea. Aici, vindecarea vine greu, pentru că presupune reconstrucția unui „eu" care nu se mai sprijină exclusiv pe celălalt. Prietena din poveste a rezistat prin ironie, vin și disperare, dar, în timp, a găsit refugiu în spiritualitate, în rugăciune, în meditație, în afirmații pozitive. Vindecarea nu a fost un drum liniar, dar a fost un drum posibil. Pentru tineri, mesajul este clar: depresia nu te definește, chiar dacă pare să te devoreze; ea este semnalul că e nevoie să te întorci la tine.

În maturitate, depresia se leagă de epuizare, de absența sensului, de pierderea de sine în obligații, în relații toxice sau în muncă. Este perioada în care corpul începe să țipe pentru că sufletul nu mai este ascultat. Povestea lui M., care a iubit până la boală, este dovada clară a felului în care durerea sufletului poate deveni durere a trupului. Solomon scrie că depresia adultului matur este adesea psihosomatică, adică nu rămâne doar în minte – se manifestă prin boli cronice, prin insomnii, prin tulburări digestive sau chiar prin afecțiuni grave, precum cancerul. Atunci când dragostea a devenit dependență și corpul lui M. a început să respingă prin boală tot ce nu mai putea duce, depresia s-a transformat în boală fizică. Lecția acestui episod este dură: dacă nu îți asculți sufletul, corpul va striga în locul lui. Și atunci vindecarea nu mai înseamnă doar terapie sau rugăciune, ci schimbare radicală: a felului în care trăiești, a felului în care iubești, a felului în care te raportezi la tine.

La bătrânețe, depresia capătă o altă formă – amestec de pierderi, de singurătate, de bilanț. Este o depresie adesea invizibilă, pentru că societatea se așteaptă ca vârstnicii să fie triști, tăcuți sau retrași. Însă povestea lui L. din azil arată altceva: depresia bătrânului nu este liniște, ci strigăt. Strigăt prin droguri, prin haine stridente, prin gesturi scandaloase care ascund, de fapt, un copil nevindecat.

Solomon descrie această etapă ca fiind una a regretului și a izolării: bătrânii care nu au învățat să-și vindece rănile mai devreme ajung să le poarte ca pe niște măști, uneori grotesc de vizibile, alteori aproape invizibile. Povestea lui L. este dovada că, indiferent de vârstă, depresia își are rădăcina în copilăria netratată. Vindecarea, chiar și atunci, nu este imposibilă: ea poate începe prin simpla întrebare a unui psiholog – „Poate acel om să fii tu?".

Privind toate aceste povești, lecția este limpede:

Depresia nu are o singură vârstă, un singur chip sau o singură durată. Are multe. Dar ceea ce rămâne constant este posibilitatea de a găsi un drum înapoi spre viață. Pentru un copil, poate fi un cățel care îl face să zâmbească din nou. Pentru un adolescent, poate fi o rugăciune, un prieten, un terapeut. Pentru un adult, poate fi o schimbare de viață, o confruntare dureroasă cu propriile dependențe. Pentru un bătrân, poate fi o voce care îl ascultă pentru prima dată.

Andrew Solomon spunea că depresia este „demonul amiezii" – vine atunci când nu mai poți fugi, când ziua e prea lungă și umbrele prea apăsătoare. Dar la fel de adevărat este și că, indiferent de etapă, există o ieșire. Uneori printr-un gest mic, alteori printr-o schimbare radicală. Și fiecare poveste din acest capitol dovedește exact asta:

depresia are multe chipuri, dar viața are mereu o șansă să fie iubită din nou.

Capitolul 10

Prin traumă și depresie recuperăm ceva ce ne aparține de drept

De multe ori, de foarte multe ori, am stat să mă închin în fața paginilor albe de scris. Mă gândeam ce voi scrie și habar nu aveam, la fel cum, de multe ori, de foarte multe ori trebuia să fac un lucru, oricât de minuscul, și prelungeam agonia împlinirii. De multe ori, de prea multe ori, cu siguranță și tu ai trecut pe acolo, prin fața oglinzii tale, cu părul răvășit, ochii pierduți și un zbieret interior pe care, dacă l-ai fi lăsat să iasă, probabil ar fi spart oglinda în bucăți, fără să-ți pese. Și apoi ai fi plâns de vină, crezând că din cauza ta se întâmplă totul, că până și lumea e urâtă pentru că tu ești urât(ă). Alteori voiai să faci duș, dar întârziai cât mai mult această etapă a zilei, pentru că, nu-i așa, confortul patului era mai bun. În depresie nu e vorba doar de lene sau de comoditate, ci de lipsa acelei energii vitale care îți face corpul să vrea să se miște. Orice lucru mărunt devine o povară, iar creierul – prins în

anhedonie – îți șoptește că nimic nu mai merită. (Anhedonia = pierderea capacității de a simți plăcere; este un simptom central al depresiei.)

Nimicurile vieții te făceau să plângi, să fii furios(ă) și supărat(ă) pentru ceea ce ești, totul părând fără sens. Până și moartea părea un gând logic, un fel de soluție la durere. Și, poate, în cele mai grele momente, te invada gândul: „Până la urmă, ce rost are să trăiesc asta, să mă zbat, să fiu, să dovedesc, să iubesc, dacă oricum voi muri?".

Poate vei muri. Cu siguranță, cu toții o vom face la un moment dat. Dar, în veșnicele mele întrebări, am ajuns să-mi spun: dacă voi muri, oare pot să nu mor de tot? Și dacă moartea, în loc să îmi ia, ar putea să-mi dea înapoi tot ce îmi aparține? Adică viața de după ea? Dacă aș renunța la această furie și aș elibera-o în alte moduri, oare nu aș simți cu adevărat libertatea?

Aceste întrebări au fost ca o lumină mică în întunericul minții mele. Cumva, moartea s-a dispersat într-o dimineață de vară, când, hotărâtă să las soarele și muzica să-mi intre sub piele, ascultam pe fundal vocea lui Toto Cutugno. Era 22 august 2023 și am aflat despre dispariția lui. Eram pe balconul apartamentului în care învățasem să-mi trăiesc solitudinea și analizam momentul crâncen al unei întâlniri cu mine. Cu câteva seri înainte mă întâlnisem cu mine așa cum nu am fost niciodată: plină de furie și urlet. În urmă cu câteva săptămâni primisem cadou, de la un fost iubit, o albinuță de pluș. Avea sens pentru el, dar și pentru mine acest dar. Cumva mă compara cu ea, cu hărnicia unei albinuțe, dar și cu darul ei de a „hrăni" lumea. M-am bucurat de ea foarte mult și i-am oferit un loc cald pe mobila din living. Într-o noapte, m-am trezit extrem de speriată și transpirată. M-am ridicat din pat, m-am pus în genunchi și am început să plâng ca și cum toată lumea mea se sfârșise atunci. În vizorul meu, albinuța parcă mă privea cu ochi vicleni, așa că, în acel moment de furie pe care pur și simplu nu mai reușeam să o controlez, am luat-o și am trântit-o de toți pereții din casă. Instant, toată casa s-a umplut de biluțe mici, transparente, pe care călcam și îmi intrau între degete. Biluțele din jucăria de pluș erau acum prin toată casa. Furia mea era împrăștiată peste tot și, după o porție bună de plâns, am adormit cumva eliberată.

Depresia mea era încă acolo, se ținea strâns de mine ca un partener care simte că urmează să-l părăsești. Mă sufoca cu prezența ei, dar, în următoarele zile, am decis să nu îi mai ofer atenție și să îi iau puterea. În psihoterapie, acest moment se numește **schimbare de focus** – când nu mai hrănești cu privirea ceea ce te rănește, începe să se stingă. O durea, știu, dar nu-mi păsa. Aveam altă problemă de rezolvat: moartea mea și gândul să îmi eliberez furia. Am înțeles că îi sunt datoare vieții și, ascultând mângâierea muzicală a unui artist care tocmai făcuse pact cu moartea, am simțit veșnicia. Am realizat că și eu, prin ceea ce sunt, prin ceea ce îmi voi oferi, pot să rămân vie dincolo de timp. A fost primul răspuns grozav pe care solitudinea mi l-a făcut în dar. Din acea zi, 22 august, ne-am despărțit cumva, pentru o perioadă. Pentru că, din acel moment, realizând viclenia ei, am decis să câștig jocul.

După ce am terminat cafeaua, m-am spălat pe păr și pe corp în timp ce ascultam „Insieme”, mi-am pus cea mai frumoasă rochiță și sandale cu talpă joasă și am ieșit afară, singură, cu un zâmbet larg, dar autentic, pe chip. Am mers mult pe jos, m-am plimbat în parcul Cișmigiu, am intrat în biserică și i-am mulțumit lui Dumnezeu pentru putere.

Și atunci am înțeles: prin traumă și depresie nu am recuperat doar fragmente din mine, ci curajul de a fi, prezența întreagă și adevărul că nu am voie să lipsesc din propria viață. Acel episod de furie a fost declanșator de emoție, de propria regăsire, de eliberare.

Furia în depresie de cele mai multe ori apare după pierderi (om, relație, carieră, sens) și poate îmbrăca forme vizibile (izbucniri) sau tăcute (iritabilitate, închiderea spre lume). **Iritabilitatea/„furia subțire” este frecventă în episoadele depresive** și este listată în ghidurile clinice drept modificare de dispoziție asociată depresiei; studiile arată prevalență mare a iritabilității în depresia unipolară.

Depresia te obligă să stai, să nu mai alergi, să nu te mai prefaci că totul e bine. Te obligă să vezi ce ți-ai spus de ani de zile, dar n-ai avut curajul să auzi: „Nu mai pot. Mi-e dor de mine. Mi-e frică să trăiesc așa.”. Și când începi să-i asculți vocea, realizezi că nu e doar zgomot, ci un semnal de alarmă al propriului tău corp și al propriei tale minți.

Amânarea aceea, zilele în care nu vrei să te ridici din pat, nu sunt dovada că ești leneș sau pierdut, ci un semn clar că sistemul tău nervos a intrat în apărare.

„Freeze” (înghețul) este un răspuns de conservare a energiei în fața pericolului perceput, alături de „fight/flight” (luptă/fugă), documentat în literatura psihologică. Nu faci duș pentru că patul te ține în brațe, și poate e singurul loc unde nu trebuie să demonstrezi nimic. Nu începi proiectul acela pentru că, în adâncul tău, știi că nu mai ai resurse să fii respins sau să simți că nu ești destul de bun.

Și vocea care îți spune „lumea e urâtă pentru că eu sunt urât(ă)” – ea nu e adevărul, e doar povestea pe care ai învățat-o cândva, poate de la cineva care ți-a spus că nu ești suficient(ă). În terapie, i se spune **distorsiune cognitivă**. În viață, îi spunem un blestem pe care îl repeți fără să vrei. Și blestemele acestea pot fi rupte, dar numai dacă ai curajul să le privești drept în față și să întrebi: „Chiar e adevărat? Sau e doar ecoul unui trecut care nu mai e aici?".

Gândurile despre moarte... sunt, poate, cele mai înfricoșătoare, dar uneori ele nu cer moartea în sine, ci doar o pauză de la durere. Ele nu spun „vreau să plec", ci „vreau să se termine asta". Și uneori, exact în acea prăpastie, găsești prima întrebare care contează: „Ce-ar fi să trăiesc în așa fel încât ceva din mine să rămână, chiar și când nu voi mai fi?". Asta schimbă totul. Îți dă un motiv să vezi ziua de mâine, măcar ca pe o promisiune de sens.

Și apoi vine momentul despărțirii de depresie. Nu e un divorț cu semnătură și martori, e mai degrabă o despărțire în care îi spui: „Mulțumesc că m-ai ținut pe loc atunci când nu știam să mă opresc singură. Mulțumesc că mi-ai arătat ce doare. Acum pot să merg singură." Și, într-o zi, exact ca atunci când te-ai aranjat și ai ieșit din casă, descoperi că nu ai nevoie să te forțezi să zâmbești. Zâmbești și nu știi când a început.

Plimbarea prin parc, muzica, mirosul aerului de vară, pașii tăi pe alei – toate sunt **ancore**. Așa se numesc în terapie: lucruri care te leagă de prezent, de corp, de viață, când mintea vrea să fugă în trecut sau să se prăbușească în viitor. **Practicile de recunoștință** pot susține starea asta de ancorare; meta-analizele arată, per ansamblu, **scăderi mici spre moderate ale simptomelor de anxietate și depresie** la persoanele care fac intervenții ghidate de recunoștință.

Și poate cel mai important – acea zi în care ai intrat în biserică și ai spus „Mulțumesc" – nu contează dacă îi spui lui Dumnezeu, Universului sau doar vieții. Contează că, pentru prima dată după mult timp, nu i-ai cerut nimic. Ai recunoscut că deja ai primit. **Recunoștința nu înlocuiește tratamentul**, dar poate deveni un sprijin emoțional validat științific în parcursul tău.

Pentru că, vezi tu, depresia poate să fie și o temniță, și o ușă. Și cheia e chiar în buzunarul tău, deși uneori e nevoie de ani, de căderi, de muzica unui om care nu mai e, ca să îți amintești să o cauți.

> La nivel global, **~280 de milioane** de oameni trăiesc cu depresie; **~5% dintre adulți** sunt afectați, cu prevalență mai mare la femei.
> **Iritabilitatea/anger** este recunoscută ca manifestare asociată depresiei în materialele educaționale și e frecvent raportată în episoadele depresive majore.

De multe ori ne este teamă de furie, pentru că am fost învățați să o vedem doar ca pe o explozie distructivă. Dar, în realitate, furia este doar un semnal: îți arată că o limită a fost încălcată, că o valoare a ta a fost ignorată, că o rană a fost atinsă din nou. Dacă alegi să o reprimi, ea se transformă în depresie și apatie. Dacă alegi să o eliberezi haotic, devine violență și distrugere. Dar, dacă alegi să o canalizezi conștient, furia devine combustibil. Este energia care îți spune: „Ajunge! Meriți mai mult. Ridică-te.”. Așa cum focul poate arde o casă, dar poate și încălzi o cameră, la fel furia poate fi direcționată ca să îți reconstruiască viața, pas cu pas.

***

Am o prietenă care acum patru ani a trecut printr-un divorț. Nu era primul din viața ei, dar acesta a fost cel care a zguduit-o până în adâncul ființei, pentru că pierduse imaginea unei familii în care crezuse cu disperată încredere. O femeie puternică, cu afaceri prospere, obișnuită să conducă impecabil echipe și să ia decizii curajoase, a ajuns dintr-o dată incapabilă să se mai conducă pe sine. Nu se mai recunoștea, nu mai găsea direcție, iar diminețile ei începeau în chin, serile se terminau în disperare.

Mult timp a trăit furia ca pe o a doua piele. Era furioasă pe el, pe ea însăși, pe lume, pe tot ce însemnase până atunci iubire și încredere. Furia i-a fost combustibil și prăpastie deopotrivă: o ținea trează, îi dădea energie să lupte, dar o și închidea într-un cerc al neputinței. Uneori își striga furia în discuții cu prietenii, alteori o vărsa pe foi, o alina în alergări lungi sau în tăceri care o epuizau, dar tot nu găsea răspunsul de care avea nevoie.

A căutat alinare peste tot: ședințe lungi de terapie, retreaturi de meditație, discuții nesfârșite cu psihologi și prieteni, cărți, yoga, rugăciuni, plimbări prin natură, călătorii care promiteau transformare, dar toate păreau să se lovească de același zid ridicat de furie și disperare.

Și totuși, într-o dimineață, stând cu ceașca de cafea în față, s-a întâmplat ceva neașteptat. Furia, de atâtea ori sursă de foc mistuitor, a făcut loc unei clipe de liniște. Aburul cafelei i-a limpezit gândurile și, pentru prima oară după mult timp, a simțit dorința să meargă la biserică, nu ca să ceară, nu ca să acuze, ci doar ca să mulțumească. Să fie recunoscătoare.

Atunci a înțeles că nu pierduse familia odată cu un bărbat, că familia nu e doar o căsnicie, ci copilul pe care îl are, părinții care o iubesc, prietenii care îi sunt aproape. A înțeles că furia i-a arătat cât de mult îi fuseseră încălcate valorile și cât de important este să le apere în continuare, dar și că adevărata putere nu vine din luptă, ci din recunoștință. De atunci, furia i-a devenit lecție, nu închisoare. Iar recunoștința – ritualul ei zilnic, busola care a transformat disperarea în liniște și sens.

Cum arată, dincolo de furie, adevărata mulțumire pentru un om?

Împlinirea și regăsirea sunt, poate, cele mai complementare emoții. Împlinirea vine din faptul că ai dus povestea până la capăt și ai învățat lecția ei, iar regăsirea vine din bucuria de a te redescoperi, de a simți din nou că îți aparții. Împreună, ele seamănă cu un pod: de pe un mal al pierderii și al furiei, până pe celălalt mal al liniștii și al sensului.

Furia ca energie de reconstrucție

De multe ori, furia este privită ca un dușman, ca o emoție pe care trebuie să o ascunzi, să o înăbuși sau să o ignori. În realitate, psihologia modernă o descrie ca pe o energie vitală care apare atunci când o valoare profundă a fost încălcată. Acolo unde este furie, este și un semnal: „ceva important pentru tine a fost rănit sau neglijat".

Daniel Goleman, autorul cărții *Inteligența emoțională*, arată că furia este o emoție primară cu rol de protecție, activând sistemul nervos simpatic: pulsul crește, respirația se accelerează, mușchii se încordează. Toate acestea nu sunt întâmplătoare – corpul îți spune că ești gata să răspunzi unei nedreptăți.

În terapie, furia nu este tratată ca un defect, ci ca un punct de acces. Psihoterapia cognitiv-comportamentală, dar și terapiile somatice arată că furia ascunde adesea o durere mai veche, o rană nevindecată. Dacă reușești să treci dincolo de intensitatea ei, descoperi care nevoi ți-au fost încălcate: respectul, siguranța, iubirea, apartenența.

Un exemplu des folosit în practică este *harta furiei:*
Emoția intensă (furia) →
Valoarea încălcată (de exemplu: respectul, fidelitatea, dreptatea) →
Acțiunea de reconstrucție (stabilești limite, îți exprimi nevoile, creezi noi obiceiuri).

Cercetările arată că persoanele care își pot recunoaște și canaliza furia spre acțiuni constructive au un nivel mai scăzut de anxietate și depresie. În loc să rămână prizonieri ai resentimentului, folosesc energia ei ca motor al schimbării.

Psihoterapeuți precum Harriet Lerner *(The Dance of Anger)* subliniază că furia este un ghid interior: dacă o asculți, îți arată unde trebuie să spui „ajunge" și unde este nevoie să reconstruiești.

Furia, așadar, nu este doar explozie și conflict, ci poate deveni forța care te ridică atunci când nimic altceva nu pare să aibă putere.

Furia ca energie de reconstrucție
Explicat simplu

Ce este furia?

O emoție primară, cu rol de protecție, care apare când o valoare importantă (respect, iubire, siguranță) este încălcată.

Ce spune psihologia?

Activează corpul (sistemul nervos simpatic: crește pulsul, respirația, tensiunea musculară).

Este un semnal, nu un defect.

În terapie, este „poarta de acces” spre nevoi rănite sau neîmplinite.

Harta furiei:

Emoția (furie) →

Valoare încălcată (respect, dreptate, iubire) →

Acțiune de reconstrucție (limite sănătoase, exprimarea nevoilor, schimbări concrete).

De ce e utilă?

Dacă e canalizată, scade riscul de depresie și anxietate, transformându-se în energie pentru schimbare.

Exercițiu:
„Transmutarea furiei în acțiune”

Recunoaște: notează ultima situație care te-a înfuriat. Nu analiza, doar descrie.
Identifică: scrie ce valoare din tine a fost atinsă (respect, libertate, iubire, adevăr).
Transformă: întreabă-te: „Ce pot face ca să apăr acea valoare, fără să rănesc?” (ex.: să cer respect, să iau o pauză, să spun „nu”).
Acționează: alege o acțiune mică și fă-o în 24h. Nu contează cât de simplă este — un mesaj trimis, un „nu” spus, o limită clară.
Notează efectul: după ce ai făcut pasul, scrie cum te-ai simțit. Vei observa că furia, în loc să te consume, se transformă într-un pas spre libertate.

Hartă: furie → valori încălcate → pași concreți

Situația care m-a înfuriat	Valoarea mea încălcată	Pași concreți
„Nu am fost ascultat la ședință”	Respect, vizibilitate	Cer să termin ce am de spus înainte să fiu întrerupt
„Partenerul a ridicat tonul”	Siguranță, iubire	Spun: „Vorbim doar dacă păstrăm un ton calm”
„Am pierdut proiectul la muncă”	Dreptate, recunoaștere	Întreb ce pot îmbunătăți și îmi stabilesc obiective clare pentru următoarea dată

Ritual: „Scrisori de foc”

Alege o persoană sau o situație care ți-a trezit furie. Scrie o scrisoare fără filtre, lasă totul să iasă — reproșuri, cuvinte grele, adevăruri nespuse. Trimite acolo tot ceea ce te apasă, toată furia care ți-a rămas blocată în corp. Este un ritual, dacă vrei să îl numești așa, care are mai multă putere decât îți imaginezi. Eu cred în puterea scrisului, pentru că asta sunt, dar dacă tu nu crezi încă, te înțeleg și empatizez cu tine. Pe mine m-a eliberat, și mi-ar plăcea nespus de mult să te elibereze și pe tine.

Scrisoare de foc (exemplu)

Te-ai gândit vreodată câtă furie mi-ai lăsat în suflet? Eu cred că nu. Când îți văd zâmbetul strâmb, simt cum mușchii mei se strâng și corpul meu parcă îngheață. Îți detest empatia falsă și felul în care îți porți evlavia ca pe o mască. Îmi creezi o stare de greață și, în acele momente, îmi vine să mă rup de tot ce înseamnă prezența ta.

Disprețuiesc fiecare detaliu care te definește, pentru că în el regăsesc tot ce m-a rănit. Ochii tăi goi, părul tău lipsit de viață, cuvintele tale înșelătoare — toate îmi amintesc că am trăit cu cineva care nu știa să iubească. Și în același timp, furia asta mă împinge să înțeleg: am permis prea mult, am tăcut prea mult, m-am lăsat micșorată.

Ești, poate, unul dintre cele mai urâte vise pe care le-am trăit, dar și una dintre cele mai importante întâlniri. Pentru că prin tine am cunoscut această furie care, la început, m-a distrus și apoi m-a ridicat. Ai fost o lecție crudă, dar lecția rămâne: știu acum ce nu mai vreau să accept vreodată.

Da, te port încă în mine sub forma acestei furii. Dar, de fapt, ea nu mai este despre tine. Este despre mine. Despre felul în care am învățat, în sfârșit, să spun: „nu mai vreau.". Și pentru asta îți scriu — ca să scot tot ce e otrăvitor din mine și să transform scrisul în focul care mă eliberează.

Capitolul 11

Știința sufletului și speranței

Am aflat despre neuroplasticitate acum vreo trei ani, când am colaborat cu un medic neurochirurg pentru un proiect de suflet. Era pentru prima dată când întâlneam acest termen, și a fost ca o revelație. Am fost emoționată, curioasă și, mai ales, atrasă irezistibil de subiect. Timp de o lună am umplut două caiete cu note, am citit tot ce mi-a căzut în mână și am simțit că pătrund într-o lume secretă, ascunsă în mine.

Mă aflam în acea perioadă în care încercam să mă reconstruiesc, să mă adaptez la „noua eu" dintr-o „nouă lume", dar și cu vechea mea prietenă – depresia – așezată comod pe umărul meu. Avem un nou job și totul mă speria, dar, în același timp, totul părea să aibă un sens în nonsensul acela haotic. Am căutat răspunsuri chiar și așa, cu frica într-o parte și cu toxicitatea celeilalte părți a mele în cealaltă. Și am descoperit că neuroplasticitatea nu era doar un concept științific, ci o cheie de reîntoarcere la mine. Pe măsură ce citeam, mi-am adus aminte de primele lecții despre creier din școala generală, dar nu-mi mai aminteam drumul și rolul exact al sinapselor. Acum înțelegeam: totul are o legătură, iar starea noastră emoțională poate influența felul în care creierul se repară, se adaptează și se rescrie. Și mi-am dat seama că a cunoaște creierul nu înseamnă doar a-i înțelege fiziologia, ci și arhitectura lui profundă – felul în care structura sa fizică este legată de cine suntem și de felul în care iubim, reacționăm, visăm.

Creierul reptilian – amigdala – este primul nostru paznic, cel care procesează instantaneu indiciile pe care le primim de la oamenii din fața noastră: tonul vocii, limbajul trupului, expresiile subtile. Este corpul responsabil de instinctele noastre primare, cel care răspunde de supraviețuire și controlează funcțiile de bază precum mișcarea și respirația.

Creierul limbic (sau emoțional) este spațiul unde trăiesc valorile noastre și unde se decid răspunsurile emoționale. Este acel loc din noi care știe să iubească, să se teamă, să plângă sau să râdă.

Neocortexul, în schimb, este arhitectul viziunii și al rațiunii. Este partea din noi care analizează, planifică și găsește soluții.

Când am început să înțeleg cum colaborează aceste părți, fascinația mea pentru neuroplasticitate s-a amestecat cu pasiunea pe care o aveam deja pentru psihologie. Pentru mine, nu mai erau două domenii separate – erau două fețe ale aceleiași monede: una arăta structura, cealaltă, sensul. Și împreună îmi arătau nu doar cum funcționez, ci și cum mă pot repara.

Neuroplasticitatea este, de fapt, felul în care creierul nostru se schimbă, se adaptează și se rescrie. Este dovada vie că nu suntem condamnați să trăim pentru totdeauna cu aceleași tipare, aceleași frici, aceleași răni. Creierul creează noi conexiuni neuronale ca răspuns la experiențe, gânduri, emoții și comportamente noi. Este ca un mușchi pe care îl putem antrena, și cu cât îl provocăm mai des, cu atât devine mai puternic și mai flexibil.

În anii '90, Michael Merzenich, neurocercetător american, considerat unul dintre pionierii studiului neuroplasticității, a demonstrat în mod revoluționar că circuitele neuronale nu sunt fixe, așa cum se credea înainte, ci pot fi remodelate chiar și la vârsta adultă. Iar studiile ulterioare, precum cele conduse de dr. Norman Doidge, psihiatru și psihanalist canadian, autor al unor cărți celebre despre neuroplasticitate, a confirmat împreună cu echipa sa că schimbarea este posibilă la orice vârstă, atât timp cât există stimulare constantă și intențională.

În depresie, anumite zone din creier – precum hipocampul, responsabil de memorie și învățare – pot suferi o reducere a volumului, iar comunicarea dintre neuroni poate fi afectată. Vestea bună este că, prin exerciții mentale, obiceiuri sănătoase, relații hrănitoare și practici de atenție conștientă, aceste zone pot fi „reactivate" și chiar regenerate.

Sinapsele, aceste punți fine dintre neuroni, sunt locul unde se petrece magia. Când învățăm ceva nou, când ne expunem la o experiență diferită sau când alegem să privim un lucru dintr-o altă perspectivă, creăm noi sinapse sau le întărim pe cele existente. Iar când repetăm un gând negativ, îl transformăm într-un autostradă neurală. De aceea, schimbarea presupune să ne surprindem gândurile, să le contestăm și să le înlocuim cu unele care ne servesc.

Ceea ce m-a fascinat cel mai mult a fost să aflu că neuroplasticitatea nu se activează doar prin învățare intelectuală, ci și prin trăiri emoționale și prin gesturi simple, cotidiene. O plimbare conștientă, un gest de recunoștință, o conversație sănătoasă, un act de bunătate – toate lasă urme fizice în creierul nostru.

Știința spune că avem nevoie de aproximativ 21–66 de zile pentru a forma o nouă conexiune puternică și a o transforma într-un obicei stabil. Iar eu cred că în acest interval, în spatele fiecărei încercări repetate, se ascunde speranța – acea forță pe care mulți o confundă cu naivitatea, dar care este, de fapt, o alegere conștientă.

Poate că nu putem controla întotdeauna ce ni se întâmplă, dar putem alege să ne antrenăm creierul să caute sens, să caute lumina și să transforme fiecare experiență într-o piatră de temelie. Eu cred că neuroplasticitatea este și o metaforă a vieții: putem să ne reconstruim, să ne adaptăm și să ne renaștem, iar de fiecare dată când alegem asta, lăsăm în urmă o versiune mai puternică a noastră.

Creierul nostru adăpostește aproximativ 100 de miliarde de celule nervoase, fiecare având mii de conexiuni cu celelalte. Este ca și cum, în interiorul nostru, ar trăi o metropolă infinită, un oraș al luminii și al impulsurilor, unde fiecare „stradă" comunică cu alte mii de drumuri. Ca să înțelegi complexitatea, gândește-te că populația întregii planete este de aproximativ 7,9 miliarde de oameni – iar în creierul tău de peste 12 ori mai multe entități lucrează împreună, clipă de clipă, pentru a te face să respiri, să iubești, să îți amintești, să visezi.

Cum ne putem rescrie povestea și creierul?

Imaginează-ți că ești programat să participi la un maraton de alergat și nu ai pregătirea necesară pentru asta. Nu ești antrenat să poți rezista 10 km, dar ai la dispoziție 60 de zile să te antrenezi – să îți lucrezi atât mintea, cât și corpul pentru ziua cea mare. Nu poți abandona: este un maraton obligatoriu care îți stabilește drumul vieții. Dacă abandonezi, renunți la cea mai mare șansă a ta de evoluție. Normal, sunt convinsă! Când vei auzi despre această provocare, vei nega cu toată ființa. Ba chiar ești dispus(ă) să renunți, pentru că, nu-i așa, confortul e lucrul care îți place cel mai mult. Dar nu ai încotro și nu ai cum să renunți.

Primele zile sunt foarte grele, aproape imposibile. Ai impresia că poți leșina la fiecare 20 de metri alergați. În următoarele zile începi să fii atent(ă) la alimentație, să îți iei proteinele necesare din alimente, să consumi cât mai sănătos. Te antrenezi în fiecare zi, chiar dacă plouă, chiar dacă ninge. Cu fiecare zi trecută devii tot mai ambițios(ă).

Începe să îți placă, să te obișnuiești cu acest stil de viață și să realizezi că te simți mult mai împlinit(ă) decât înainte. Respiri altfel, vezi lumea cu alți ochi. Ce se întâmplă în corpul tău? Se întâmplă că, prin repetiție și perseverență, îți antrenezi nu doar mușchii, ci și creierul. Fiecare pas pe care îl faci, fiecare respirație controlată, fiecare zi în care îți spui „azi nu renunț" trimite un semnal către creier: „asta este important, păstrează acest obicei". Neuronii care până atunci nu comunicau prea des între ei, încep să își construiască noi poduri – sinapse. Iar cu fiecare antrenament, aceste poduri devin mai solide, mai rapide, mai eficiente. Așa funcționează neuroplasticitatea: creează și întărește conexiunile de care ai nevoie pentru noua ta poveste.

Și atunci „când alegi să îți rescrii viața" nu e doar o metaforă frumoasă – este biologie pură, este știință în acțiune. Creierul tău devine arhitectul propriei tale transformări. El șterge traseele vechi, asociate cu frica, renunțarea și durerea și sapă drumuri noi către încredere, reziliență și sens. Iar într-o zi, fără să îți dai seama, realizezi că nu mai ești același om care, la început, abia putea face doi pași fără să renunțe. Acum alergi, respiri și trăiești cu toată ființa și, mai mult decât atât, ești pregătit(ă) să câștigi.

Așa cum pentru un maraton îți antrenezi corpul pas cu pas, tot așa, pentru a ieși din depresie, îți antrenezi mintea. La început, fiecare zi poate părea o cursă imposibilă – îți tremură tot corpul, nu găsești aerul necesar să mergi mai departe și tot ce simți este greutatea fiecărui gând care te apasă. Dar, la fel ca în alergare, nu distanța contează la început, ci faptul că te ridici din pat, că faci un pas.

Fiecare gând nou pe care îl alegi în locul celui vechi și dureros este ca un pas în plus pe pistă. Fiecare gest de recunoștință, oricât de mic, este un sprint de câțiva metri. Fiecare conversație sinceră cu tine este o respirație adâncă ce îți oxigenează creierul. Și, încet-încet, îți construiești noi trasee neuronale, la fel cum îți construiești rezistența fizică.

Iar aici apare frumusețea neuroplasticității: creierul nu ține scorul pentru câte zile ai stat pe loc, ci răspunde prezent pentru fiecare zi în care alegi să continui. Îți dă voie să o iei de la capăt, să creezi conexiuni mai sănătoase, să transformi drumul de la „nu mai pot" la „uite, pot". Și, într-o zi, fără să îți dai seama, vei descoperi că nu doar ai ajuns la linia de sosire, ci ți-ai rescris harta interioară.

Eu am avut multă răbdare cu mine, deși, de foarte multe ori, am zis că nu voi reuși. Scriu cartea aceasta într-o perioadă care îmi este foarte prielnică. Cam tot ce îmi propun reușesc, cu mici excepții. Sunt în profundă conexiune cu mine și m-am ales, din sutele de obiceiuri proaste, doar pe mine. Evit toxicitatea din jur cât de mult pot. Nu reușesc mereu. Inevitabilul se produce la fiecare pas și am învățat să îi fac față. Am învățat asta și, chiar dacă nu a fost ușor, am ajuns la un nivel de care sunt mândră. Mai clachez uneori și e normal, e firesc, nu am învățat să trăiesc asemeni unui robot, ci asemeni mie, celei autentice.

Supozițiile despre cum să trăim sunt multiple. Ce înseamnă viața, ce sunt regretele și greșelile nu ne învață nimeni mai bine decât conștiința.

Răbdare cu mine? Da! Monumentală, mai multă decât aș fi crezut vreodată că pot avea. Datorită ei am evoluat pe toate planurile.

Ce m-a învățat acest demers? Că dorințele nu sunt de ajuns. Că pot alerga 4 kilometri fără oprire, apoi 5, apoi 6, apoi 9 – spunându-mi că pot! Fără oprire mi-am fredonat în gând o „melodie" care m-a ajutat să înțeleg că răbdarea cu sinele mă construiește! Și m-a construit, treptat. Unde? Acolo unde am afirmat că pot să ajung. Cariera de succes, o iubire reală și sănătoasă, banii și sănătatea le-am obținut pentru că mi-am acordat timp și am înțeles nevoia lui de a trece. Câteodată, timpul nu e doar o dorință, ci pragul sigur spre adevăratul sine.

Scriu aceste rânduri de pe o bancă din parc. Astăzi am alergat cei 9 kilometri fără oprire. În fața mea se plimbă rățuște cu pui pe un lac care îmi defilează multe amintiri. Ce simt? Fericire și împlinire. Siguranță și încredere de sine. Am reușit și am înțeles că pot obține tot ce vreau, nu prin dorință, ci prin răbdare cu mine!

5 micro-obiceiuri care schimbă creierul

Respiră conștient dimineața (2 minute) - Pune palma pe piept și inspiră adânc de cinci ori. Creierul asociază asta cu semnalul „sunt în siguranță".

Notează un lucru mic pentru care ești recunoscător(toare). Nu liste lungi, ci ceva concret: „mirosul cafelei de azi", „zâmbetul unei vânzătoare".

Mișcă-ți corpul 10 minute. Poate fi plimbare, stretching sau dans pe o melodie preferată. Mișcarea eliberează BDNF (o proteină esențială pentru sănătatea creierului, implicată în neuroplasticitate, învățare și reglarea dispoziției), care protejează și regenerează neuronii.

Lumină naturală. Ieși 5 minute afară dimineața și privește cerul. Expunerea la lumină reglează ceasul biologic și sprijină serotonina.

Întrebare de seară: „Ce mică victorie am avut azi?" – chiar dacă răspunsul e „am făcut duș" sau „am trimis un mesaj", creierul înregistrează succesul și îl repetă.

Protocol „30 de zile pentru speranță"

Ziua 1–7: Conștientizare

Începe fiecare zi notând *„Cum mă simt acum?"* fără a judeca.

Încheie fiecare zi cu un singur lucru bun care s-a întâmplat.

Ziua 8–14: Activare

Adaugă o activitate mică pe care nu ai mai făcut-o de mult (ex.: să plantezi ceva, să gătești altfel, să suni o persoană dragă).

Scrie: *„Ce aș vrea să simt peste 6 luni?"* – răspuns scurt, doar 2–3 rânduri.

Ziua 15–21: Reconectare

Caută o conversație reală, față în față, măcar 15 minute pe zi.

Alege o activitate care să implice corpul: mers, yoga, dans, curățenie energică.

Ziua 22–30: Rescriere

Începe un jurnal al speranței: scrie în fiecare zi o frază care începe cu *„Îmi dau voie să..."*

La finalul celor 30 de zile, scrie o pagină cu titlul: *„Cum arată viața mea când aleg speranța"*.

Exercițiu: „Rescrie-ți povestea"

Actul I – Întunericul

Scrie o scenă din viața ta în care te-ai simțit blocat(ă), fără sens, fără ieșire. Nu cosmetiza, nu ascunde.

Actul II – Fractura

Notează ce moment a fost scânteia schimbării sau ce gând ți-a trecut prin minte atunci: „nu mai pot", „trebuie să fac ceva", „vreau să fiu altfel".

Actul III – Lumina

Rescrie scena din Actul I, dar cu tine alegând un alt drum. Cum ar arăta dacă ai fi sprijinit(ă)? Cum ar arăta dacă ai avea resurse? Care e gestul mic care ar schimba totul?

La final, recitește și subliniază cu un marker doar frazele pozitive. Creierul le va reține ca repere.

Capitolul 12

Întrebări și regăsiri

De la începutul cărții ți-am promis că te voi însoți. Poate nu ca un vindecător, ci ca un simplu om care a trăit de mână cu neîncrederea și cu întrebări fără răspuns. Nu îți voi spune ce să simți și nici cum să îți trăiești procesul, dar îți voi arăta felul în care am făcut-o eu, poate pentru ca tu să îți găsești propria cale.

Aceste întrebări nu sunt teste și nu au răspunsuri corecte sau greșite. Ele sunt punți spre tine, spre a te descoperi, a te asculta și a-ți aminti cine ești cu adevărat.

Legendă:
Răspunsul meu de atunci – de când prietena mea, depresia îmi dicta tot ce să fac în viață.
Răspunsul meu acum – răspunsul femeii actuale, care a înțeles că regăsirea de sine înseamnă acceptarea sinelui fix așa cum este el, cu durerile morale și ale trecutului.

Răspunsul tău – răspunsul cititorului, unde este spațiu gol și el trebuie să completeze.

I. Conștientizarea stării

1. Când a început să mi se pară că viața și-a pierdut culoarea?

Răspunsul meu de atunci: când am conștientizat durerea ei.

Răspunsul meu acum: când am înțeles că pierderea culorii era doar o pauză, nu sfârșitul.

Răspunsul tău:

2. Ce gând îmi repet cel mai des atunci când mă simt fără putere?

Răspunsul meu de atunci: nu sunt bună de nimic.

Răspunsul meu acum: astăzi îmi dau voie să mă simt așa, mâine voi fi bine.

Răspunsul tău:

3. Care este cea mai grea întrebare la care mi-e frică să răspund?

Răspunsul meu de atunci: viitorul meu.

Răspunsul meu acum: pot răspunde cu ușurință la orice întrebare, iar acum viitorul meu arată excelent.

Răspunsul tău:

4. Dacă depresia mea ar avea un nume și un chip, cum ar arăta și ce mi-ar spune?

Răspunsul meu de atunci: prietena mea, depresia.

Răspunsul meu acum: ar avea chipul meu din trecut, dar ochii mei de acum – mai blânzi, mai împăcați.

Răspunsul tău:

II. Explorarea durerii ascunse

5. Ce parte din mine încerc să ascund de ceilalți pentru a nu părea „slab(ă)"?

Răspunsul meu de atunci: ascund fricile, părțile mele vulnerabile, încerc să par cât mai puternică.

Răspunsul meu acum: sunt transparentă și vulnerabilă, și sunt foarte bine cu mine așa cum sunt.

Răspunsul tău:

6. Când m-am simțit ultima oară ascultat(ă) cu adevărat? Cine era acolo?

Răspunsul meu de atunci: la terapie.

Răspunsul meu acum: sunt într-o relație sănătoasă în care partenerul mă ascultă și empatizează cu emoțiile mele.

Răspunsul tău:

7. Ce nevoie importantă ignor constant?

Răspunsul meu de atunci: mă ignoram frecvent pe mine, emoțiile mele.
Răspunsul meu acum: acum nu ignor, ci caut cu sete să mă obișnuiesc cu mine așa cum sunt.
Răspunsul tău:

8. Ce îmi lipsește cel mai mult dintr-o perioadă în care sunt fericit(ă)?
Răspunsul meu de atunci: conexiunea cu locul.
Răspunsul meu acum: nu îmi lipsește nimic.
Răspunsul tău:

III. Întoarcerea spre sine

9. Dacă aș putea să-mi trimit un mesaj de acum cinci ani, ce i-aș spune versiunii mele de atunci?
Răspunsul meu de atunci: nu am curajul să îmi vorbesc.
Răspunsul meu acum: nu te grăbi să demonstrezi că meriți, ești deja suficientă așa cum ești.
Răspunsul tău:

10. Cum ar arăta o zi în care să nu îmi fie rușine de mine?
Răspunsul meu de atunci: o zi în care nu m-aș privi deloc.

Răspunsul meu acum: o zi în care m-aș privi în oglindă și mi-aș zâmbi fără să îmi caut defecte.

Răspunsul tău:

11. Care este primul lucru pe care mi-aș dori să-l simt când mă trezesc dimineața?

Răspunsul meu de atunci: nimic, voiam doar să dorm.

Răspunsul meu acum: recunoștință că am încă o zi și curajul să o trăiesc.

Răspunsul tău:

12. Ce aș face diferit dacă aș ști că nimeni nu mă judecă?

Răspunsul meu de atunci: m-aș ascunde și mai tare.

Răspunsul meu acum: aș vorbi mai mult despre rănile mele și m-aș bucura de fiecare mică plăcere fără să mă cenzurez.

Răspunsul tău:

IV. Reconectarea cu viața și sensul

13. Care sunt cele trei lucruri care mă fac să mă simt viu(e), chiar și pentru câteva clipe?

Răspunsul meu de atunci: nimic nu mă făcea să mă simt vie.

Răspunsul meu acum: mirosul de cafea dimineața, îmbrățișarea unui om drag și sunetul mării.
Răspunsul tău:

14. Care este cel mai mic lucru pentru care pot fi recunoscător/recunoscătoare astăzi?
Răspunsul meu de atunci: nu vedeam niciun motiv.
Răspunsul meu acum: lumina caldă care intră pe fereastră și mă face să simt că nu e totul pierdut.
Răspunsul tău:

15. Când mă gândesc la cuvântul „acasă", ce imagine îmi vine în minte și cum mă face să mă simt?
Răspunsul meu de atunci: un loc din care voiam să plec.
Răspunsul meu acum: casa bunicilor și mirosul de pâine caldă, care îmi dau siguranță și apartenență.
Răspunsul tău:

Scrisori către sine

Propun să avem trei tipuri de scrisori:
Către copilul interior – cu compasiune și protecție.
Către sinele din prezent – cu validare și recunoștință.
Către sinele viitor – cu încurajare și promisiuni de auto-susținere.

Scrisorile către sine sunt uneori cea mai sinceră terapie. Ele nu cer un răspuns, dar oferă mereu unul. Așternute pe hârtie, cuvintele noastre devin martori ai durerii, ai bucuriei, ai rătăcirilor și ai revenirilor. Ne oferă șansa de a ne privi cu alți ochi, de a vorbi cu noi înșine așa cum nu ne-am permis până acum: cu blândețe, cu acceptare, cu iertare.

Scrisorile către sine sunt felul prin care ne spunem *„te văd, te aud, te înțeleg”* atunci când nimeni altcineva nu pare să o facă. Sunt punți între trecut, prezent și viitor, fire invizibile care leagă copilul care am fost, adultul care suntem și omul care încă așteaptă să devină.

Scrisoare către copilul interior

Dragă copil din mine,

Îți scriu acum cu ochii umezi și cu brațele deschise, pentru că știu cât de mult ai tânjit să fii văzut, ascultat și iubit fără condiții. Știu că te-ai simțit de multe ori singur, că ai plâns în locuri în care să nu te vadă nimeni și că ai ascuns fricile sub pături prea mari pentru trupul tău mic. Îmi amintesc cum priveai oamenii mari încercând să înțelegi de ce nu pot fi întotdeauna buni. Și știu cum, în tăcerea ta, îți promiteai că vei fi mai puternic, chiar dacă inima ți-era prea fragilă.

Astăzi vreau să-ți spun că nu mai ești singur. Te țin în brațe acum, așa cum ai fi avut nevoie atunci. Îți șoptesc că nu e vina ta pentru durerea pe care ai simțit-o. Îți promit că voi avea grijă de tine și că nu te voi mai lăsa să plângi fără alinare. Ești important, ești iubit și ești perfect exact așa cum ești. Îți mulțumesc că ai rezistat, că nu te-ai lăsat frânt și că mi-ai lăsat curajul tău ca moștenire.

Exercițiu-ghid:

Închide ochii și imaginează-ți copilul care ai fost. Ce haine poartă? Cum îți zâmbește? Ce ar avea nevoie să audă de la tine acum? Ia un caiet și scrie-i o scrisoare scurtă. Spune-i ceea ce ai fi vrut să ți se spună atunci.

Bun venit celei prezente

Dragă eu de acum,

Sunt acasă... în sfârșit sunt acasă. Nu doar între niște pereți, ci în mine. M-am întors în locul în care nu mai fug de mine însămi și e atât de bine. Miroase a curat și a pace, lumina caldă îmi veghează gândurile, și, da, lacrimile mai curg uneori – dar acum sunt lacrimi de recunoștință. Încă mă surprind întrebându-mă: „Chiar m-am întors? Chiar sunt aici?”.

Am rătăcit mult, prin locuri frumoase și prin locuri care m-au rănit. Am văzut lupte și le-am purtat, am simțit raiul și m-am lăsat cuprinsă de necunoscut. Am învățat că drumul către mine a fost cel mai greu și cel mai frumos dintre toate.

Acum știu că „acasă” nu e doar o adresă, ci emoția care mă îmbrățișează când simt că mă destram, cuvintele care mă alină în zilele grele, aroma copilăriei și căldura unei promisiuni: oricât aș rătăci, există mereu un loc unde sunt binevenită, exact așa cum sunt.

Aici, acasă, trecutul nu mai doare – e doar un profesor blând care m-a învățat să merg mai sigur. Aici nu există judecăți, nici condamnări. Aici, fiecare trăsătură, fiecare gest, fiecare „naz" este înțeles. Aici sunt liberă să fiu creativă, vulnerabilă, simplă și perfectă în felul meu – dansând în bucătărie, gătind ciorbă de perișoare, zâmbind fără motiv.

Am călătorit departe și de multe ori m-am pierdut pe drum, dar am învățat că doar distanța poate arăta cât de prețios este locul din care ai plecat. Nu contează unde ești, ci cum te simți acolo.

Acum sunt aici, și simt cum fiecare piesă din puzzle-ul meu se așază: iubire, liniște, pasiune, dragoste. M-am întors în mine. Și aici, în interiorul meu, este singurul „acasă" pe care nu îl voi mai părăsi niciodată.

Bun venit, dragă eu de acum. Mă bucur că ai rămas.

Exercițiu-ghid:

Scrie-ți o scrisoare de validare. Enumeră trei lucruri pe care le faci bine chiar acum, în prezent. Spune-ți mulțumesc pentru ele.

Scrisoare către sinele din viitor

Dragă eu de mâine, de peste un an,
de peste o viață,

Te privesc cu emoție și curiozitate, întrebându-mă cine vei fi devenit între timp. Îți scriu din prezentul meu, unde încă port urmele rănilor, dar și rodul lecțiilor învățate. Îți promit că nu te voi abandona niciodată, că voi continua să lupt pentru tine și să-ți creez spații de liniște și bucurie. Îți promit că voi iubi mai mult și voi ierta mai repede, că voi alege lumina chiar și atunci când umbrele par mai puternice.

Sper că tu, cea de atunci, vei citi aceste rânduri cu un zâmbet cald, știind că nu ai ajuns până acolo de una singură, ci cu fiecare versiune a ta care a trăit înainte. Îți doresc să ai brațele pline de oameni buni, mintea limpede și sufletul împăcat. Și mai ales, te rog, nu uita: ești și vei fi mereu acasă în tine.

Exercițiu-ghid:

Scrie o scrisoare către sinele tău din viitor. Imaginează-ți că o citește peste 5 ani. Ce promisiuni vrei să îți faci? Ce speranțe vrei să lași acolo?

Practici de reconectare zilnică

Aici putem adăuga exerciții simple, dar profunde:

Ritualul celor trei respirații
Înainte de a reacționa la un gând negativ, respiri profund de trei ori și îți pui o întrebare de ancorare: *„Este adevărat ceea ce cred acum?"*

Recunoștință inversată
Nu doar pentru ce ai, ci pentru ce nu s-a întâmplat și ți-ar fi putut răni drumul.

Minutul de ancorare senzorială
Alegi un obiect, o textură, un miros, și te conectezi la el pentru a reveni în prezent.

Tăcerea intenționată
5 minute zilnic fără telefon, fără muzică, doar pentru a-ți auzi gândurile.

Nu uita! Rezultatele apar dacă:

Orice proces de introspecție începe cu emoție și dorință, dar se păstrează prin alegere și consecvență. Nu există rețete perfecte, ci mici gesturi zilnice care devin ancore.

Întreținerea înseamnă să îți creezi ritualuri scurte, dar constante. Poate fi un jurnal de câteva rânduri scrise dimineața, o plimbare în care îți lași gândurile să se așeze, o respirație adâncă atunci când simți că furia sau tristețea te copleșesc. Nu cantitatea contează, ci regularitatea și sinceritatea.

Revenirea la carte este un exercițiu în sine. Ori de câte ori simți că te-ai pierdut din nou pe drum, deschide paginile și lasă-le să-ți fie oglindă. Poate găsești alt răspuns decât prima dată, pentru că tu nu mai ești același om. Cartea nu e doar o lectură, ci o trusă de prim-ajutor emoțional.

Pe termen lung, păstrarea echilibrului seamănă cu grija pentru o grădină. Nu plantezi o dată și gata, ci uzi, cureți, rearanjezi. Sunt zile cu soare și zile cu furtună, dar dacă revii constant la tine, vei învăța să recunoști ce îți trebuie: odihnă, liniște, mișcare, dialog, scris, rugăciune sau un „nu" spus la timp.

Îți vei da seama că reconectarea nu este o etapă încheiată, ci un drum pe care mergi iar și iar, cu mai multă ușurință de fiecare dată. Iar această carte poate fi reperul tău fix, un loc în care să revii ori de câte ori ai nevoie să îți reamintești cine ești și cât de mult meriți să trăiești cu sens.

Draga mea (fostă) prietenă, depresie,

Încheierea aceasta ni se datorează nouă. Acum, fără durerea unui timp trecut, mă simt foarte bine să stau cu tine la un pahar cu vin. Nu mai bem apă, nici ceai, nici alte sucuri naturale. Vreau să ne amețim amândouă, așa, ca în vremurile în care tu mă dominai.

Ce mai faci, draga mea prietenă? Tot așa de „frumoasă" ai rămas și de sigură pe forțele tale? Sunt convinsă că da. Dacă mi-e dor de tine? Sincer, uneori, da! Mi-ar fi dor să mă privesc în slăbiciune și să știu să mă ridic fără vină, fără să îți mai permit să mă domini. Mi-ar fi dor să mă văd îmbrăcată în rochiile acelea frumoase și să îmi spun: „Ce frumoasă sunt!", fără să te las să-mi spui că nu îmi stă bine.

Știi, mult timp după ce ai plecat, am dat vina pe tine și te-am crezut un monstru care a stat în dreapta mea. Dar, mai târziu, am conștientizat că nu e chiar așa, că tu erai în mine și împrejurul meu, pentru că, da, chiar m-ai acaparat cu totul – ai fost un bine. Mi-aș dori să sărbătorim asta. De ce nu? Toate eșecurile se sărbătoresc: în primă fază cu tristețe, apoi cu melancolie și, în cele din urmă, cu iubire. Nu te urăsc, draga mea prietenă! Nicidecum, ești singurul meu demon care m-a ridicat.

Îți datorez asta. Cu tine de mână am lăsat rănile alea urâte să le vadă toată lumea și tare bine a fost să învăț să fiu vulnerabilă. E normal să nu fiu perfectă. Știu, tu mi-ai fi zis că nu sunt chiar așa frumoasă și că toate defectele mele nu mă scot în evidență. Știi ce am aflat? Reversul: că tot ce îmi este imperfect, de fapt, este atuul meu. Mi-ai fost alături și în clipele cele mai urâte, dar și în cele frumoase, ca un adevărat prieten, după cum ar zice lumea. Îți sunt recunoscătoare pentru tot răul pe care l-ai adus în viața mea – a fost unul benefic. Știi, tot timpul am negat existența ta. Chiar așa, cu tine de mână am căutat să „te vindec" cu tot ce am mai puternic în mine – emoția. Acolo știu că nu rezistai. De atâtea ori te-am văzut nervoasă și recalcitrantă când „mă foloseam" de ea. De câte ori am plâns, am scris, am iubit sau am iertat, tu te zbăteai pentru că nu știai cum să mă mai ții în lanțurile tale. Emoția m-a salvat, iar eu am înțeles că ea e singura care te poate doborî. Ai fost vicleană, cu chip schimbător, purtând măști scumpe și promisiuni false. Ai știut să mă demolezi și ai făcut-o bine. Dar nu, nu regret. Pentru că fiecare an petrecut lângă tine, fiecare noapte în care mi-ai suflat în ceafă și fiecare zi în care mi-ai spus că nu merit, toate au clădit locul unde m-am întors acum: ***Acasă.***

Și aici, acasă, tu nu mai ai loc.

Glosar

Depresie funcțională (distimie/tulburare depresivă persistentă) – formă cronică de depresie, cu simptome mai blânde decât un episod depresiv major, dar persistente (≥2 ani). Persoana poate părea „funcțională" în exterior, dar resimte oboseală, tristețe și lipsă de sens în interior.

Depresie majoră (unipolară) – episod depresiv sever, cu simptome intense (tristețe profundă, anhedonie, tulburări de somn/apetit, idei de inutilitate sau suicid), cu impact puternic asupra funcționării zilnice.

Anxietate – stare de neliniște, teamă sau tensiune, adesea disproporționată față de situația reală; poate fi generalizată sau specifică (atacuri de panică, fobii etc.).

Răspunsul „luptă, fugi sau îngheață" – mecanism natural de apărare al sistemului nervos. Când apare pericolul, corpul se mobilizează pentru confruntare (luptă), evitarea situației (fugă) sau blocaj (îngheț).

EMDR (Eye Movement Desensitization and Reprocessing) – terapie care folosește mișcări oculare sau alte forme de stimulare bilaterală pentru a reprocesa amintiri traumatice și a reduce intensitatea emoțională asociată lor.

IFS (Internal Family Systems) – model psihoterapeutic care presupune că fiecare persoană are „părți interne" (critici, protectori, vulnerabili). Lucrând cu aceste părți, individul poate restabili echilibrul și conexiunea cu sinele central (Self).

BDNF (Brain-Derived Neurotrophic Factor) – proteină esențială pentru sănătatea creierului, care susține supraviețuirea neuronilor, formarea de noi conexiuni și reglarea stării emoționale. Nivelurile scăzute de BDNF sunt asociate cu depresia.

Neuroplasticitate – capacitatea creierului de a se modifica și reorganiza prin formarea de noi conexiuni neuronale, pe parcursul vieții. Este influențată de experiențe, învățare, traumă, dar și de exerciții, somn, meditație.

Disociere – mecanism psihologic prin care mintea „se detașează" de experiențe copleșitoare, ca formă de protecție. Poate fi temporară (senzație de „nu sunt aici") sau persistentă.

Ruminație – gândire repetitivă și negativă, axată pe cauze și consecințe ale durerii, fără a găsi soluții. Poate menține și agrava depresia.

Anhedonie – incapacitatea de a simți plăcere în activități care înainte aduceau bucurie. Este unul dintre simptomele centrale ale depresiei.

Apatie – stare de lipsă de energie și motivație, în care persoana nu mai simte impulsul de a iniția sau continua activități, chiar și cele obișnuite.
Vinovăție – emoție frecvent asociată cu depresia, caracterizată prin autoînvinovățire excesivă și percepția că nu ești suficient sau că îi afectezi pe cei din jur.
Iritabilitate – reacție emoțională de tensiune, nerăbdare sau furie disproporționată, des întâlnită în depresie, mai ales la adolescenți și bărbați.
Somatizare – manifestarea durerii emoționale prin simptome fizice (dureri de cap, stomac, spate, oboseală cronică), fără o cauză medicală evidentă.
Tulburare afectivă sezonieră (TAS) – formă de depresie legată de schimbarea anotimpurilor, frecventă iarna, când expunerea la lumină naturală scade.
Traumă – experiență copleșitoare care depășește capacitatea psihică de a o procesa, lăsând urme în corp, emoții și comportamente.
Reziliență – capacitatea de a face față, de a te adapta și de a te reconstrui după experiențe dificile.
Mindfulness – practică de conștientizare și prezență în momentul prezent, utilizată și în terapiile moderne pentru depresie și anxietate.
Traumă moștenită transgenerațională – tip de traumă care nu aparține doar experienței directe a unei

persoane, ci este transmisă de la o generație la alta prin povești, tăceri, comportamente, credințe și chiar prin mecanisme biologice. Copiii pot purta urmele emoționale ale durerilor netratate ale părinților sau bunicilor, chiar fără să fi trăit ei înșiși acele evenimente.

Cuprins

Bibliografie

Andrew Solomon – *Demonul amiezii. O anatomie a depresiei.* Humanitas, București, 2016.

Joanna Moncrieff – *The Myth of the Chemical Cure: A Critique of Psychiatric Drug Treatment.* Palgrave Macmillan, UK, 2008.

Emil Cioran – *Pe culmile disperării.* Humanitas, București, 1990.

Dr. Lisa Miller – *Antidot pentru depresie.* Editura For You, București, 2017.

Lucinda Bassett – *Cum să depășești anxietatea și depresia și să începi să trăiești cu încredere, bucurie și calm.* Midwest Center for Stress & Anxiety, SUA, 2008.

Lucinda Bassett – *Attacking Anxiety & Depression* (program de lucru, Midwest Center for Stress & Anxiety).

Johann Hari – *Legături pierdute. Cauze reale ale depresiei și soluții surprinzătoare.* Editura Trei, București, 2019.

Edmund J. Bourne – *Învinge depresia și atacurile de panică.* Editura Trei, București, 2012.

Lucinda Bassett – *Cum să depășești anxietatea și depresia* (versiune de curs online și broșuri asociate).

World Health Organization (OMS) – *Depression and Other Common Mental Disorders: Global Health Estimates.* Geneva, WHO, 2017.

American Psychological Association (APA) – articole și ghiduri privind diferențele de gen în depresie.

National Institute of Mental Health (NIMH) – resurse și statistici despre depresie și tratamente.

www.ingramcontent.com/pod-product-compliance
Lightning Source LLC
LaVergne TN
LVHW020043081026
849580LV00013B/1543
* 9 7 8 6 0 6 9 2 8 5 6 4 0 *